¡Sssssshhhhhhhhhhh!

## Haz del teatro algo íntimo

Llévalo siempre en el bolsillo

Cubierta y diseño editorial: Éride, Diseño Gráfico
Dirección editorial: ángel jiménez

Primera edición: septiembre, 2025

2000 voltios
© Dionisio Pérez Galindo
© VdB, 2025
Espronceda, 5
28003 Madrid

VdB®

ISBN: 979-13-87644-42-0
Depósito Legal: M-20496-2025
Diseño y preimpresión: Éride, Diseño Gráfico

Cualquier forma de reproducción, distribución, comunicación pública
o transformación de esta obra solo puede ser realizada con la autorización
de sus titulares, salvo excepción prevista por la ley. Diríjase a CEDRO
(Centro Español de Derechos Reprográficos, www.cedro.org.) si necesita
fotocopiar o escanear algún fragmento de esta obra.

Cualquier representación pública de esta obra debe ser autorizada por el autor.
La autorización puede ser tramitada a través de la Sociedad General de Autores
y Editores (SGAE).

Todos los derechos reservados.

VdB® es una marca registrada de Éride, S.L.

 **Este libro protege el entorno**

2000 voltios

## Dionisio Pérez Galindo
(Madrid, 1961)

Guionista y director de cine. Licenciado en Ciencias de la Información y titulado en el curso *La escritura cinematográfica*, impartido por Manolo Matji, Joaquín Jorda y Lola Salvador.

A partir de 1995 escribe y dirige diferentes cortometrajes en 35 mm, como *Pecados capitales*, por el que recibe un número importante de premios como el Premio Crystal Start (mejor cortometraje europeo) en el 23º Festival du Film, Bruselas (Bélgica).

Desde entonces ha trabajado como director y guionista de cine y televisión. En su trabajo cinematográfico se puede destacar como guionista: *Lágrimas negras* (1999) de Ricardo Franco; *Cenizas del cielo* (2008) de José Antonio Quirós, nominado a los premios Goya como mejor guion; y *La isla del viento* (2015), de Manuel Menchón. Y como director ha realizado *El regalo de Silvia* (2002) y *Amanecer en Asia* (2008).

En sus trabajos en televisión ha participado como guionista en la serie documental *Sex mundi* (2010), producida por Plural Entertaiment, y en las series de ficción *Colegio mayor* (1993), *Bandolera* (2011–2013), *Gran Reserva: El origen* (2013-2014), *Amar es para siempre* (2014-2016) y *Servir y proteger* (2017-2021).

En la actualidad imparte clases de guion en el Instituto de Cine de Madrid y trabaja en el guion de cine *Vientre*, de 78/52 Productions, y el proyecto de serie televisiva *Esperanza*, de la productora El Estudio Filmmakers para la plataforma SkyShowtime.

# DIONISIO PÉREZ GALINDO

## 2000 voltios

VdB

# Personajes

GERMÁN

TEO

DANIEL

3

## Acto primero

*GERMÁN, TEO y DANIEL. Amigos. Rondan los cuarenta y cinco años. Nos encontramos en el garaje-trastero de un chalet. Los tres entran. En medio del garaje hay un bulto grande tapado con una sábana blanca. GERMÁN lleva puesto en su móvil la música del «cumpleaños feliz» para TEO, en plan divertido, cantando. DANIEL lo acompaña. Dejan de cantar.*

TEO      Os podíais haber esperado a la fiesta del sábado. Voy a montar una de campeonato.

GERMÁN   Eso seguro, cuñado. Ya conocemos tus fiestas. Pero tu cumpleaños es hoy y queríamos darte una sorpresa.

DANIEL   Felicitarte y tomarnos unas copas juntos. Para eso están los amigos.

         *(Los tres se acercan a una pequeña barra que hace de mueble bar, repleto de botellas de licores caros, y junto al mueble bar una nevera.)*

TEO      Pues muchas gracias. ¿Qué os apetece beber?

GERMÁN    (*Coge una botella de whisky.*) ¡Coño! Tienes
          mi whisky favorito. ¡Que detallazo!

TEO       Ya sabes que en mi casa nunca faltan los bue-
          nos licores. (*Coge una botella.*) Mira esta gi-
          nebra japonesa. Vale más que un jamón de
          Jabugo.

DANIEL    (*Le quita la botella a* TEO.) Pues vamos a pro-
          barla en un buen gin-tónic.

          (*Los tres se sirven de beber.*)

GERMÁN    Nuestro hígado ya no está para alcoholes bara-
          tos. No como de jóvenes, que en los veranos
          en el pueblo nos bebíamos hasta el garrafón de
          la cantina del manco.

TEO       (*A* DANIEL.) Recuerdo aquella noche cuando
          te caíste al pilón del lavadero. ¡Qué colocón
          llevabas! Además de los cubatas te habías fu-
          mado unos porros.

GERMÁN    (*Ríe.*) Y te pusiste a imitar a un delfín, dando
          gritos.

TEO       (*Ríe también.*) Es verdad. En medio del lava-
          dero haciendo de delfín. ¿Cómo hacías, Da-
          niel? Imítalo.

DANIEL    No.

| | |
|---|---|
| GERMÁN | Vamos hombre. Que lo hacías muy bien. Imita la voz de un delfín. |
| DANIEL | Que ya ni me acuerdo. |
| TEO | Lo que nos pudimos reír. |
| DANIEL | Qué bien lo pasábamos en aquellos veranos… Los botellines en La Rosaleda, los baños en el río, en la disco hasta el amanecer, las verbenas de los pueblos… |
| GERMÁN | Y las fiestas en mi chalet, que eran sonadas. Vosotros dos no os perdíais ni una, cabronazos. Siendo del pueblo os veníais con la pandilla de los veraneantes. |
| DANIEL | ¡Hombre, claro! No éramos tontos. Te divertías más, y las veraneantes eran más guapas. |
| GERMÁN | Y estaba mi hermana, que los dos andabais loquitos por ella. |
| TEO | *(Puntualiza orgulloso.)* Pero al final supo elegir bien y se casó conmigo. |
| | *(DANIEL fuerza una sonrisa y bebe.)* |
| GERMÁN | ¡Lógico! Tú eras el mejor partido. *(Saborea el whisky.)* Este whisky está exquisito. |
| DANIEL | Y la ginebra también. |

(*Se acercan al bulto tapado con la sábana.*)

GERMÁN      (*A* TEO.) Aquí tienes mi regalo de cumpleaños, cuñado.

TEO      (*Sorprendido.*) Pues sí que es grande.

GERMÁN      ¿A qué esperas para descubrirlo? ¡Vamos!

(TEO *quita la sábana. Es una silla eléctrica. A* TEO *se le congela la sonrisa.*)

TEO      (*Atónito.*) ¿Y esto?

GERMÁN      Sorprendido, ¿verdad?

TEO      (*Sin salir de su asombro.*) ¿Qué es?

GERMÁN      ¡Coño! ¿No lo ves? Una silla eléctrica, de las que utilizaban en Estados Unidos para ejecutar a los condenados a la pena de muerte. (TEO *sigue sin reaccionar, mirando la silla.*) Sabía que ibas a alucinar... ¿A que te lo dije, Daniel? Le voy a hacer un regalo a mi cuñado que se va a quedar ojiplático.

DANIEL      (*También sorprendido.*) Sí, es cierto. Me lo dijiste. Y la verdad es que yo también estoy flipando... ¡joder!

GERMÁN      (*Zarandea entusiasmado a* TEO.) Vamos Teo, reacciona. Di algo. ¿Qué te parece?

TEO       (*Descolocado.*) Bien… ¿pero por qué has pensado en este regalo para mí?

GERMÁN     Porque te mereces un regalo de categoría, cuñado. Además, tú eres un defensor a ultranza de los valores americanos, ¿no? Pues una de las cosas más genuinas de los yanquis es la silla eléctrica.

DANIEL     Pues sí. Eso de liquidar a gente siempre les ha encantado. Son unos verdaderos artistas.

GERMÁN     Ya lo creo. Solo una sociedad tan avanzada puede inventar algo así.

DANIEL     Pero esta silla eléctrica no será autentica, ¿verdad? Es una imitación.

GERMÁN     (*Salta indignado.*) ¿Me estás insultando? Yo no regalo imitaciones. Es auténtica y aquí está el certificado que lo demuestra. (*Saca unos papeles del bolsillo de la chaqueta y los enseña.*) Firmado y sellado por el alcaide de la prisión. Con la lista detallada de los reos que han sido ejecutados. (*Lee la lista.*) En 1968, por ejemplo, fue ejecutado Brody Sallow, un asesino que mató a su madre a martillazos.

DANIEL     (*Contempla la silla impresionado.*) ¡Joder! Y el tipo fue ejecutado en esta silla. (*Toca la silla.*) Da escalofríos…

TEO            (*Sin salir de su asombro.*) Ya lo creo.

DANIEL         (*A* GERMÁN.) ¿Y cómo la has conseguido? Por-
               que debe de costar un pastón.

GERMÁN         (*Se jacta.*) Tengo mis contactos allá en Amé-
               rica. Un buen amigo me contó que tenía esta
               silla eléctrica, y pensé *ipso facto*: ¡coño! ¡Qué
               buen regalo para mi cuñado Teo! Y como este
               socio yanqui me debía un favor me la dejó a
               un precio razonable.

DANIEL         Pues sí que es un regalo de consideración.

               (*Observa la silla con mucho respeto.*)

GERMÁN         Siéntate. Ya verás cómo impresiona.

DANIEL         No, no… Me da *yuyu*.

GERMÁN         (*Lo coge del brazo y lo intenta sentar en la silla.*)
               Vamos hombre, siéntate. No seas cobarde.

DANIEL         (*Se resiste.*) Que te he dicho que no. Me sen-
               taré si me apetece. Siéntate tú.

GERMÁN         Pues claro que me siento. (*Se sienta.*) La ver-
               dad es que se te eriza el vello.

               (*Hace como si lo electrocutaran y ríe.*)

TEO            (*Que sigue descolocado.*) ¿Y qué hago yo con
               esta silla? ¿Dónde la pongo?

DANIEL      El salón de tu casa es enorme. Sitio tienes de sobra.

TEO         Sí, claro, y se la enseño a los amigos que vengan de visita. Seguro que les encanta... Y siento a mi padre en ella cuando venga a cenar en navidad.

GERMÁN      (*Sentado todavía, irónico.*) Pues mira, no es mala idea, disfrazado de papa Noel... Y le das un calambrazo cuando se pase con el vino y empiece a cantar «Asturias patria querida».

            (DANIEL *ríe. A* TEO *no le hace gracia.*)

TEO         (*A* GERMÁN.) ¿Pero tú crees que tu hermana va a querer poner esto en el salón de casa?, y con los niños revoloteando alrededor... ¡Ni hablar! Ahí ha muerto gente.

GERMÁN      (*Se levanta de la silla.*) Por favor, Teo. No es un regalo para ponerlo en el salón... Lo suyo es que la tengas escondida bajo llave, en secreto, y la enseñes únicamente en «petit comité» a los elegidos, a la «crème de la crème». Seguro que los dejas fascinados.

DANIEL      Y te va a dar cierto aire misterioso y mucho *glamour*.

GERMÁN      (*Puntualiza irónico.*) El glamour que tú tanto necesitas, cuñado. Que ya no estás en el pueblo de porquero con los cerdos de tu padre… y a veces se te nota.

TEO        (*Molesto.*) Ya estás exagerando, Germán.

GERMÁN    (*Socarrón.*) Vamos, Teo. Tienes que admitir que en ocasiones te sale el Doroteo que llevas dentro. (*Se ríe.*) Mi hermana siempre cuenta la anécdota de la recepción en el Ministerio de Agricultura, cuando le dijiste al ministro: «señor ministro, pruebe las ‹cocretas› y las ‹almóndigas› que están cojonudas».

          (DANIEL *ríe.*)

TEO        (*Picado con* DANIEL.) ¿Se puede saber de qué cojones te ríes? Yo no le dije eso al ministro. Son ocurrencias de Teresa, para hacerse la graciosa. (DANIEL y GERMÁN *se aguantan la risa.* TEO *se mosquea.*) Menos cachondeo conmigo. ¿Entendido?... Y al próximo que me llame Doroteo lo echo de mi chalé.

GERMÁN    Vale, perdona Teo… Pero vamos. Te hago un regalo que es una joya y tú solo piensas en qué van a decir las visitas cuando vengan a tu casa. Que tú eres ahora el mayor empresario de carne porcina de este país. ¡El magnate del jamón de pata negra! Y tienes que tener un espíritu más cosmopolita. Y esta silla te puede dar ese carisma y distinción que te falta. El presidente de la Banca Clavet tiene una.

TEO    (*Sorprendido.*) ¿Me vas a decir que Tristán Clavet tiene una silla eléctrica?

GERMÁN    Pues sí. Yo la he visto con mis propios ojos en su mansión, cuando fui a una de sus famosas fiestas. La tiene junto a un Picasso.

TEO    ¡Hombre! Si Tristán Clavet tiene una como esta la cosa cambia, y mucho.

GERMÁN    Lo que ocurre es que la silla de Clavet es de gran valor, porque con ella se electrocutó a Dexter Duck, un asesino en serie famosísimo.

DANIEL    Me acuerdo bien. Sus crímenes fueron muy sonados. Incluso se hizo una serie de televisión que tuvo mucho éxito.

GERMÁN    Aunque esta silla también tiene su solera, no os vayáis a creer. En ella se electrocutó a Lucky Dallas, famoso por degollar enfermeras. Y a Tex O'Connor, un negro acusado de asesinar a dos policías, y que más tarde se demostró que era inocente.

DANIEL    ¡Qué putada! Pobre negro, inocente y lo electrocutan.

GERMÁN    (*Resignado.*) Qué se le va a hacer. La justicia no es infalible y se pueden cometer errores. Pero pocos, eh, que lo dicen las estadísticas.

TEO            Visto así, desde el lado histórico, sí que pue-
               de ser interesante. (*Se acerca y observa la si-
               lla.*) Y si encima Tristán Clavet tiene una ya
               lo creo que es un gran regalo. Muchas gracias,
               cuñado.

GERMÁN         Y aún te digo más. Con la distinción que te va
               a dar esta silla, puede que hasta te admitan en
               el Club de los Gentlemen Hispanos.

TEO            ¿De verdad lo crees?

GERMÁN         ¡Por supuesto! Con mi consentimiento ya
               cuentas. Solo hace falta convencer a dos so-
               cios más que ya tengo controlados, y en cuan-
               to les enseñes la silla y les regales un buen ja-
               món tienes su aprobación asegurada.

TEO            (*Emocionado.*) ¡Qué grande eres, «cuñao»!

               (*Le da un abrazo muy sentido.*)

GERMÁN         (*Tras el abrazo.*) ¿Y tu regalo, Daniel? Vamos,
               dáselo a Teo. ¿A qué esperas?

DANIEL         ¡Bah! Es un pequeño detalle. Ya se lo daré.

GERMÁN         Vamos hombre… Creo que lo has dejado por
               aquí.

               (*Lo busca y lo encuentra junto al mueble bar,
               dentro de una bolsa.*)

DANIEL     (*Le quita la bolsa de las manos.*) Vale. Yo se lo doy. (*Le entrega la bolsa a* TEO.) Ya te he dicho que es un pequeño detalle.

           (TEO *abre el regalo. Es un paraguas*)

TEO        ¡Un paraguas! Muchas gracias.

DANIEL     Que conste que no es un paraguas cualquiera. Viene rematado con el escudo de la familia real. Tú que eres ahora tan monárquico.

TEO        (*Abre y observa el paraguas.*) Pues sí. Me gusta. Para cuando vaya al desfile de las fuerzas armadas. Gracias. Es muy elegante.

GERMÁN     (*Irónico.*) Sí, muy elegante… Pero es una decepción muy grande, Daniel. Has perdido tu seña de identidad, que es regalar corbatas. Tú tienes que regalar corbatas y déjate de paraguas y otras chorradas.

DANIEL     ¡Qué exagerado eres!, Germán.

GERMÁN     Para nada. (A TEO) ¿A que tú también tienes unas cuantas corbatas regalo de Daniel en tu guardarropa?

TEO        Pues sí. Pero hay que reconocer que son muy originales. La última que me regaló con un estampado de payasos a mis hijos les encanta.

GERMÁN   Esa es auténtica. Pero la mía de calaveras no se queda atrás. Me la pongo en todos los entierros. (TEO y GERMÁN *ríen*. DANIEL *aguanta la broma*.) Lo ves, Daniel. Lo tuyo son las corbatas. Quedas bien y gastas poco.

DANIEL   (*Picado*.) A mí no me sobra el dinero para hacer unos regalos carísimos. Ya me gustaría.

GERMÁN   En eso llevas razón. Con el sueldo que te paga mi cuñado tampoco te puedes permitir muchos lujos.

TEO   (*Mosqueado*.) ¡Oye!, que yo le pago a Daniel un sueldo digno. No se podrá quejar. (*A* DANIEL) ¿O acaso te quejas? (DANIEL *hace un gesto tímido de negación*.) Pues claro que no. Incluso tiene que estar agradecido de que le haya dado trabajo, porque si no fuera por mí estaría en el paro.

GERMÁN   Pero le podrías dar un trabajo mejor, hombre, y no tenerlo al pobre en la granja, electrocutando cerdos.

TEO   Si está encantado, ¿a que sí, Daniel? Además, con le dinero que gana va de sobra. No tiene a nadie a quien mantener. Ni esposa ni hijos. Él sí que ha sido listo en no casarse.

GERMÁN   Yo creo que no se ha casado porque se quedó enganchado de mi hermana y nunca lo ha superado.

DANIEL        No digas bobadas. Eso pasó hace mucho tiempo.

TEO           *(Puntualiza.)* Hace mucho tiempo y fue un tonteo sin más. El único novio serio que ha tenido Teresa he sido yo. Novio y marido.

GERMÁN        Eso nadie lo duda, cuñado. Pero la semana que mi hermanita y Daniel pasaron en Ibiza de hippies debió de ser inolvidable, porque Teresa siempre lo recuerda cuando los hermanos quedamos a cenar.

TEO           *(Intenta simular su pique.)* ¡Bah! Esos viajes son leyendas de juventud, que siempre se exageran.

GERMÁN        Lo pasasteis bien, ¿verdad, Daniel? Seis noches en Ibiza, en una comuna hippy.

DANIEL        *(Sonríe.)* Fue un viaje más. No hay que darle importancia.

TEO           *(Puntualiza.)* Pues claro que no. Para viaje bonito el que hicimos Teresa y yo a Roma. En la Escalinata de la Plaza de España le pedí la mano y me dijo que sí.

GERMÁN        Es lógico que al final mi hermana te eligiera a ti, Teo. No competíais con las mismas armas. Tú tenías un Mercedes rojo descapotable y Daniel una Vespa.

DANIEL     Pues tan chula que era mi Vespa.

TEO     Pero si se caía a trozos. Anda que no daba la nota el «hijo del médico». Con la Vespa, los porros, las melenas…

GERMÁN     (*A* DANIEL.) Y querías ser director de cine, y hacías unos cortos rarísimos. Rodaste uno con mi hermana cuando fuisteis a Ibiza, ¿no?

DANIEL     Sí, y me dieron algunos premios en festivales de cortometrajes.

TEO     (*Picado.*) Muchos premios pero mira donde ha terminado el director de cine. Electrocutando cerdos en mi granja.

GERMÁN     Es que Daniel ha sido un artista incomprendido.

DANIEL     Pues sí. En eso llevas razón. (*Se acerca a la silla y cambia de tema.*) ¿Y esta silla cómo funcionaría?

GERMÁN     (*Lo explica científicamente.*) He estado leyendo sobre el tema. La silla eléctrica se inventó porque se buscaba un nuevo sistema de ejecución que fuera más humano que la horca, que era el método más usado. Al principio se probó con animales, incluso electrocutaron a una elefanta de circo, que había matado a tres de sus cuidadores. Se llamaba Topsy.

DANIEL      ¡Pobre Topsy…!

GERMÁN    Y con humanos se empezó a utilizar en el año 1890. Al principio con bastantes fallos. A algunos condenados les ardía la cabeza… Hasta que se fue perfeccionando. (*A* DANIEL.) Ven, siéntate.

DANIEL      Que yo no me siento ahí.

GERMÁN    Vamos, hombre, que así lo explico mejor. (DANIEL *termina por sentarse.*) El condenado era amarrado a la silla, con estas correas (*Coge las correas y amarra a* DANIEL *de pies y manos.*) y se le colocaba este casco (*Lo coge y se lo coloca a* DANIEL.) con electrodos y una esponja mojada en la cabeza. Asimismo, se añadían electrodos a sus piernas. Y se le daba a la palanca. (*Simula que lo hace.*) La primera descarga era de dos mil voltios por ocho segundos, bajando a mil por veinte segundos, para luego volver a dos mil por ocho segundos extra.

       (DANIEL *pone cara de terror amarrado a la silla, con el casco puesto.*)

TEO        ¡Cojones!, dos mil voltios. La electricidad de las casas tiene doscientos veinte, y cuando te da calambre te arrea un buen latigazo.

GERMÁN    Pues hay algunos que les cuesta morirse, y terminan achicharrados.

DANIEL          (*A* GERMÁN.) Suéltame de aquí.

                (GERMÁN *lo observa atado y sonríe.*)

GERMÁN          Vale. Te suelto. Pero antes nos tienes que imi-
                tar la voz del delfín.

DANIEL          (*Mosqueado, intenta librarse de las correas.*)
                Que no, joder. Suéltame.

TEO             Venga Daniel, imita a un delfín.

DANIEL          (*Rabioso, sin poder soltarse.*) Que ya os he di-
                cho que no me acuerdo.

GERMÁN          Pues ahí te quedas atado hasta que te acuer-
                des.

DANIEL          Serás cabrón.

                (*A* DANIEL *no le queda más remedio que ceder, y
                se pone a imitar la voz del delfín, poniendo unas
                caras muy cómicas.* GERMÁN *y* TEO *se parten de
                risa…* Y GERMÁN *desabrocha las correas que
                ataban a* DANIEL. *Tras la broma,* DANIEL *se aga-
                cha a la silla y la huele.*)

TEO             (*Extrañado.*) ¿Qué husmeas?

DANIEL          Te juro que esta silla huele a carne quemada.

TEO             No digas tonterías.

DANIEL      Acércate y huélela.

TEO      (*Lo hace.*) Es verdad. (*Serio.*) Yo esta silla no la meto en mi casa.

GERMÁN      Por favor, cuñado, ese olor es un certificado de autenticidad. (*Se acerca a oler.*) Es un olor parecido al de tus granjas cuando electrocutáis a los cerdos. ¿Cuántos voltios les dais?

TEO      No tengo ni idea. Daniel lo sabrá.

DANIEL      Se les da trescientos voltios con unas pinzas eléctricas debajo de las orejas, para aturdirlos y aprovechar para degollarlos.

GERMÁN      Esos animales tienen que sufrir una barbaridad. No me extraña que los animalistas protesten.

TEO      (*Mosqueado.*) No digas eso ni en broma. Esos hijos de puta me tienen contento. El otro día me organizaron una manifestación delante de una de mis granjas. Fue cuando me lie a hostias con ese ecologista que pillé dentro grabando imágenes.

GERMÁN      Te ha denunciado, ¿no?

TEO      Sí. Que denuncie… pero la ristra de hostias que le di no se la quita nadie. (*Ríe.*) Me quedé tan a gusto.

(*Y* Teo *se sienta en la silla como si fuese un trono, orgulloso, sonriente.*)

GERMÁN   (*Saca el móvil.*) Espera que voy a inmortalizar el momento.

(*Hace una fotografía a* Teo. Daniel *también saca su móvil y hace otra.*)

DANIEL   Has salido genial. Pareces todo un monarca.

GERMÁN   ¡El rey del jamón de pata negra!

(Teo *se acerca a ver las fotografías.*)

TEO   Sí, estoy muy bien, pero borrar ahora mismo esas fotos. Son demasiado fuertes y esto hay que llevarlo en secreto.

GERMÁN   Tranquilo que la borro.

(*Manipula en el móvil.*)

DANIEL   (*Hace lo mismo.*) Yo también.

TEO   ¿Os apetece otra copa?

GERMÁN   Eso ni se pregunta. Este whisky es un pecado.

DANIEL   Yo me tomo otro gin-tonic. (*Los tres se sirven las copas en el mueble bar.*) Oye, Germán. ¿Hay alguna novedad sobre la hija de tus amigos?

GERMÁN     Pues no. Sigue sin aparecer. Y se temen lo peor.

TEO        Pobres padres. Lo que tienen que estar sufriendo.

GERMÁN     Imagínate. Ya son dos semanas sin tener noticias de la hija.

DANIEL     Pero existe la posibilidad de que se fuera de casa sin decir nada, ¿no?

GERMÁN     Esa es la esperanza que tienen Tomás y Raquel, que Violeta se marchara porque se enfadó, y no quiera dar señales. El día anterior tuvieron una bronca con ella.

TEO        Ojalá su desaparición se quede en un susto.

GERMÁN     Pues sí. Ojalá aparezca y esté bien. (*Los tres se quedan en silencio, bebiendo. A* TEO.) ¿Ya has pensado en eso que te hablé, cuñado?

TEO        (*Se hace el despistado.*) ¿El qué?

GERMÁN     En el negocio que quiero montar.

TEO        Olvídate de ese negocio. Es una ruina.

DANIEL     ¿De qué negocio habláis?

GERMÁN     Del negocio de gimnasia pasiva. ¿Tú que opinas, Daniel?

DANIEL      A mí me parece muy buena idea.

TEO      (*Reacciona contra* DANIEL.) A ti todas las ideas de Germán te parecen cojonudas. (*A* GERMÁN) Como el negocio que montaste de esa especie de *thermomix* para el cabello. Menudo invento. ¡Una *thermomix* para hacer peinados!

DANIEL      (*Sonríe, a* GERMÁN.) Me acuerdo. Le pusiste el aparato a una señora en la cabeza para hacerle la permanente y salió con el pelo que parecía la bruja Lola.

GERMÁN      (*Mosqueado.*) La máquina no estaba del todo perfeccionada y nos precipitamos al sacarla al mercado, pero este nuevo negocio es un pelotazo seguro. (*A* TEO.) Solo necesito que me prestes el dinero.

TEO      ¿No crees que ya me debes una buena cantidad?

GERMÁN      Con la gimnasia pasiva te devuelvo hasta el último euro que te debo. Puedes estar seguro.

TEO      ¡Cuántas veces he escuchado eso, cuñado! Hazme caso y olvídate de ese negocio. Es perder dinero.

GERMÁN      (*Molesto.*) Ya veo no me quieres ayudar.

TEO      Bueno. Ya veremos… Además, ¿por qué la familia no vendéis el retrato del «agüelo» Don

Germán Alejandro Sáenz de Abadía. «Todo un Zuloaga». De ahí sacarían una buena pasta.

GERMÁN  (*Muy digno.*) ¡Ese cuadro no se toca! Es el emblema de la familia y antes arruinados que desprendernos de él. Pero bueno, ya veo como agradeces todo lo que he hecho por ti. (TEO *parece que no le escucha. Se ha acercado a la silla y la mira pensativo.* GERMÁN *se percata.*) ¿Qué ocurre?

TEO  Que lo estoy pensando bien y este regalo no me gusta un pelo.

GERMÁN  (*Extrañado.*) ¿Y eso por qué?

TEO  Porque creo que me puede traer problemas. No quiero esta silla eléctrica.

DANIEL  Pues regálamela a mí.

TEO  Pues sí, para ti. Te la regalo. Te la puedes llevar.

GERMÁN  (*Mosqueado con* TEO.) ¿Pero cómo puedes ser tan desagradecido? ¿Te hago un regalazo y tú me lo rechazas?

TEO  Un regalazo que me huele mal. Y yo tengo olfato de perro para estas cosas.

DANIEL  (*Insiste.*) Pues entonces me la regalas. ¿No?

TEO  Qué sí, que te la regalo. Es toda tuya.

GERMÁN     (*Indignado.*) Ya veo que no estás a la altura de valorar un regalo como este. ¡Margaritas a los cerdos! Siempre serás un pueblerino, Doroteo. ¿Y tú quieres formar parte de los Gentlemen Hispanos?

TEO     (*Picado.*) No creo que por tener una silla eléctrica me vayan a aceptar en ese club. Y sí, siempre seré un pueblerino, ¡y a mucha honra!, pero un pueblerino que les da sopas con honda a muchos de esos señoritingos que pelan las gambas con cuchillo y tenedor. (*Sentencia.*) Y si no me admiten en su club me importa un cojón. Que se vayan a la mierda… Y estoy muy orgulloso de ser hijo de un porquero y haber hecho de su granja de cerdos un imperio. Cosa que otros no pueden decir lo mismo. Y seguiré diciendo «cocretas» y «almóndigas» tantas veces como me salga de los «güevos». No necesito que nadie me refine.

GERMÁN     Ya veo que eso es imposible, por mucho que la gente que te aprecia lo intentemos. Como decía mi abuelo, no está hecha la miel para la boca del asno.

DANIEL     Si no quiere la silla no insistas, Germán. Me la quedo yo y punto.

GERMÁN     (*Faltón.*) Tú calla la boca, Daniel, que desde que te has hecho vegetariano te patinan las neuronas.

TEO          (*Sorprendido, a* DANIEL.) ¿Cómo que eres ve-
             getariano? ¿No comes carne?

GERMÁN       Desde hace ya tiempo. ¿No lo sabías?

TEO          (*Cabreado.*) Pues claro que no. ¿En serio?

DANIEL       Que va. Esos son invenciones de Germán.

GERMÁN       De invenciones nada. Tú mismo me lo has
             contado.

DANIEL       No soy vegetariano, pero aunque lo fuera ¿qué
             pasa? ¿Acaso es para electrocutarme en la si-
             lla eléctrica?

TEO          (*Indignado.*) ¡Pues sí! Porque eso es traicio-
             narme a mí, que me dedico a vender carne de
             cerdo. Si sigue creciendo la moda de hacerse
             vegetariano, vegano, crudívoro y la puta ma-
             dre que los parió, sería mi ruina. (*A* DANIEL.)
             ¿Y eso es lo que tú quieres? ¿Mi ruina? Por-
             que te recuerdo que eres mi amigo y trabajas
             para mí.

DANIEL       Ya te he dicho que no soy vegetariano.

             (GERMÁN *va a la nevera, coge un paquete de ja-
             món y saca una loncha.*)

GERMÁN       (*Se acerca a* DANIEL.) Pues cómete esta loncha
             de jamón.

TEO          (*Presiona a* DANIEL.) Eso, cómetela.

DANIEL       No pienso comérmela porque me obliguéis.

TEO          (*Le quita la loncha de jamón a* GERMÁN, *y persi-
             gue con ella a* DANIEL.) ¡Que te comas el jamón!

DANIEL       (*Se refugia tras la silla eléctrica.*) Que no me
             lo como.

TEO          (*Lo persigue alrededor de la silla.*) ¡Que te lo
             comas, cabrón!

DANIEL       Que no…

             (TEO *desiste de perseguirlo.*)

GERMÁN       (*A* TEO.) Ves como es vegetariano… Y si solo
             fuese eso.

TEO          (*Mosqueado.*) ¿Qué más hay?

GERMÁN       Ha votado a los ecologistas.

TEO          (*Estupefacto ante* DANIEL.) ¡¿Cómo?! ¿A esos
             hijos de Satanás? ¿Has sido capaz?

DANIEL       Para nada. No es cierto.

GERMÁN       ¿Ahora lo vas a negar? Tú mismo me dijiste
             que te sentías fatal electrocutando cerdos, y
             que es una salvajada lo que se hace con ellos,
             y que entendías a los animalistas.

| | |
|---|---|
| TEO | *(Estalla contra* DANIEL.*)* ¡Serás traidor! Esos animalistas son mis enemigos. Quieren arruinarme la vida. Son una lacra. Unos hijos de puta abogando por el bienestar animal. *(Desesperado.)* ¿Qué bienestar ni que cojones? Son unos putos cerdos. ¡Me cago en el bienestar animal!... Y encima tú les votas. |
| DANIEL | Yo no los he votado. |
| TEO | No te creo. Tú eres capaz. ¿Te doy trabajo y así me lo pagas? ¿Simpatizando con el enemigo? *(A* GERMÁN.*)* ¡Joder! No me extrañaría que fuese el topo que hay en la empresa y pasa información a esos malnacidos. |
| DANIEL | No te emparanoies, Teo, por favor. Te juro que yo no soy ningún topo. |
| TEO | Pues claro que sí. *(Dándose golpes en la cabeza.)* ¿Cómo he podido ser tan gilipollas? ¡Tan gilipollas! Buscaba entre los trabajadores más sospechosos y resulta que el topo es mi amiguito Daniel. |
| DANIEL | Vamos a tranquilizarnos que esto no tiene gracia. |
| TEO | Claro que la tiene. Y mucha. Ya verás la gracia que tiene lo que vas a escuchar: mañana no te presentes a trabajar porque estás despedido. |

DANIEL        (*Helado.*) Es una broma. ¿No?

TEO           Una broma por mis cojones. Mañana te pasas
              por la oficina a coger el finiquito y largo. Te
              puedes ir a Ibiza a fumar porros y a comer le-
              chugas.

DANIEL        ¿Me vas a hacer esa putada?

TEO           Es lo que te mereces. Por traidor, por vegeta-
              riano y por animalista.

              (DANIEL *mira a* GERMÁN, *para que lo apoye.*)

DANIEL        Di tú algo, Germán.

GERMÁN        (*Se encoge de hombros.*) Lo siento, Daniel, pero
              Teo lleva razón. Si tienes esas ideas no puedes
              trabajar en su granja. Hay que ser un poco
              consecuente con lo que uno piensa.

              (DANIEL *le va a replicar pero* TEO *le corta.*)

TEO           Mejor cierra la boca y largo. (*Coge el para-
              guas.*) Y llévate tu mierda de regalo que ten-
              go paraguas más monárquicos que este.

              (*Lanza el paraguas a* DANIEL. *Este lo coge, y
              mira a* TEO.)

DANIEL        ¡Qué impresentable eres! Los cerdos de tu
              granja tienen más decencia que tú.

TEO — Que te largues de una puta vez.

DANIEL — Claro que me largo, pero por mucho que me despidas no te vas a librar de la picazón que corroe tu cerebro de mosquito.

TEO — ¿Pero tú de qué cojones hablas?

DANIEL — Del viaje que hice a Ibiza con Teresa. No puedes soportar la semana que pasamos juntos… Y sí, nos lo pasamos de vicio.

(*Se marcha y desaparece.*)

TEO — (*Con desdén.*) ¿Pero este gilipollas qué dice? ¿Estar jodido yo por ese viaje? Anda que no ha llovido.

GERMÁN — No le hagas caso, Teo. Olvídalo… En el fondo me da un poco de pena que lo hayas despedido, pero la verdad es que llevas razón.

TEO — Pues a mí pena ninguna. Los amigos traidores se merecen lo peor. Con todo lo que he hecho por él.

GERMÁN — (*Campechano.*) Bueno, ahora que nos hemos quedado solos. Me vas a prestar el dinero para montar ese negocio, ¿verdad?

TEO — Pues no. Esta vez no te lo voy a prestar.

GERMÁN      *(Mosqueado.)* ¿Cómo?

**Oscuro.**

## Acto segundo

*La silla eléctrica sigue en medio del garaje.* TEO *deambula de un lado a otro desesperado. Inconscientemente se sienta en la silla. Se percata, se levanta raudo y sigue deambulando. Entra GERMÁN, con su chaqueta en la mano.*

TEO        (*Alterado al verlo.*) ¡Joder! Ya era hora de que te dignaras en aparecer.

GERMÁN     ¿Qué ocurre? ¿Por qué ese agobio por verme?

TEO        (*Enfadado.*) Te he llamado mil veces y no me coges el teléfono. Y ni siquiera me devuelves las llamadas.

GERMÁN     Ya te mandé un mensaje diciéndote que estoy muy liado.

TEO        No me vengas con gilipolleces, Germán, por favor. Tú estás liado para lo que quieres. Cuando me has necesitado bien que vuelas para verme.

GERMÁN     (*Apesadumbrado.*) He estado muy ocupado pendiente de Tomás y Raquel.

TEO          ¿Hay alguna novedad sobre su hija?

GERMÁN     Por desgracia no. Ellos no han perdido la esperanza de que Violeta aparezca viva… pero se temen lo peor.

TEO          Estoy siguiendo el caso por televisión, aunque tampoco mucho, porque yo también tengo lo mío.

GERMÁN     Sí, me lo imagino. (GERMÁN *se acerca al mueble bar, deja la chaqueta encima y busca entre las botellas.*) ¿Ya no te queda de mi whisky favorito?

TEO          Estoy yo para derrochar dinero.

GERMÁN     (*Se hace el sorprendido.*) ¿Tan mal te va?

TEO          (*Dramático.*) Mal no, ¡fatal…! Desde que mi foto en la silla eléctrica empezó a correr por internet mi vida es un infierno. Y no me creo que no estés al tanto.

GERMÁN     (*Con falso fastidio.*) Sé que esa fotografía se ha hecho viral, pero no pensaba que te estaba haciendo tanto daño.

TEO          (*Trágico.*) Me está arruinando la vida, Germán. ¡Arruinando la vida! Solo te digo eso. (*Mira a* GERMÁN *fijamente.*) Y ahora dime la verdad. ¿Quién ha difundido esa foto? ¿Has sido tú?

GERMÁN      (*Reacciona indignado.*) ¿Cómo puedes pensar eso, Teo? ¡Por favor! ¡Soy tu cuñado! Nunca te haría algo así... Además, nada más sacar la fotografía la borré, ¿o ya no te acuerdas?

TEO      También Daniel dijo que la había borrado. Uno de los dos la tuvo que mandar.

GERMÁN      Pues seguro que fue Daniel, que dijo que la borraba y no lo hizo, y la ha colgado en la red para joderte por haberle despedido.

TEO      (*Desesperado.*) Pues el muy cabrón lo está consiguiendo y bien. ¡Me están jodiendo vivo! La gente está utilizando la foto para ponerme a parir, mofarse y hacer una campaña contra mí para que nadie compre mis productos. (*Saca el móvil y enseña un fotomontaje a* GERMÁN.) Mira este hijo de perra. Me ha pintado un bigote de Hitler y me acusa de ser un fascista defensor de la pena de muerte. (*Señala a la silla.*) ¿Pero tú crees que yo voy a desear que a alguien lo electrocuten ahí? No soy un monstruo, por favor. (*Le enseña otro meme.*) Y este otro se mofa de mí para acusarme de ser un torturador de cerdos.

GERMÁN      (*Observa la imagen, con chillidos de cerdo.*) ¡Qué fuerte! Tú electrocutando a un cerdo en la silla. (*Sin poder reprimir una sonrisa.*) Y después haciendo chorizos con él... ¡Joder que ingenio le echan algunos para despellejarte!

TEO        (*Se guarda el móvil.*) Y los hay peores, pero no quiero ni verlos porque me ponen de muy mala hostia, (*Rabioso.*) y me dan ganas de coger la escopeta y liarme a tiros con toda esa gentuza. (*Hace que dispara.*) ¡Los fusilaba a todos!

GERMÁN     (*Con falso dramatismo.*) ¡Cuánto malnacido suelto! Cómo utilizan las redes para destrozar la vida de la gente.

TEO        A mí me la están destrozando y de cojones. Algunos grandes supermercados ya se niegan a vender mis jamones, o hacen muchos menos pedidos. Y estoy teniendo que bajar los precios, y eso es terrible. Y más ahora que viene la campaña de navidad. Mi imperio se va al garete.

GERMÁN     Ya lo veo.

TEO        Y eso que me he «desgallitado» explicando que esa foto es una broma, que yo no estoy a favor de la pena de muerte, y que en mis granjas no se maltratan a los cerdos. Incluso me han hecho una entrevista en un matinal de televisión para explicarlo. (GERMÁN *sonríe.* TEO *se mosquea.*) ¿De qué cojones te ríes?

GERMÁN     He visto esa entrevista y no sales muy bien parado.

TEO        ¡Joder!, porque estaba muy nervioso y esa cabrona de periodista me sacó de mis casillas.

Parecía un interrogatorio y me trataba como a un criminal. Y encima sacaron la dichosa foto en el programa, cuando yo había pedido que no lo hicieran.

GERMÁN    Mira que eres pardillo, ¿cómo pudiste caer en la trampa?

TEO    *(Desesperado, señala la silla.)* Maldita la hora en que me regalaste esta puta silla eléctrica. Tú y tus regalitos.

GERMÁN    Yo no tengo la culpa de lo que está pasando.

TEO    *(Rabioso.)* ¡Pues claro que sí! Tú tienes la culpa por regalarme la silla y el cabrón de Daniel por difundir la foto.

GERMÁN    Él es el verdadero culpable, que te la ha jugado pero bien.

TEO    ¡Qué rastrero! Encima que le doy trabajo al muy muerto de hambre.

GERMÁN    ¿Te acuerdas cuando decía que iba a ser director de cine? Y rodaba esos cortometrajes tan aburridos. ¡Qué iluso! ¿A quién quería engañar…? A mi hermana un tiempo. Y por eso se fue con él a Ibiza.

TEO    *(Rabioso.)* ¡Menudo bicho! Te juro que en cuanto me lo eche a la cara lo mato a hostias.

GERMÁN     Siempre ha sido un snob queriendo estar a la última. Y ahora la moda es hacerse vegetariano y ser ecologista.

TEO     (*Salta como un resorte.*) ¡Los ecologistas! No me hables de ellos que me llevan los demonios. Esos hijos de puta sí que me están jodiendo con sus acusaciones de maltratar a los cerdos. ¿Has visto las manifestaciones que se montan delante de mis granjas?

GERMÁN     Algo he oído.

TEO     Va más gente que a la Feria de Abril de Sevilla… Y encima unos reporteros se han colado en una de las granja y han hecho un reportaje clandestino.

GERMÁN     Es para denunciarlos.

TEO     Pues sí, pero les importa poco… Y luego está la paliza que le metí a ese ecologista. Han hecho un montaje con mi foto en la silla y al lado la foto del joven con el moratón en el ojo.

GERMÁN     Sí, lo he visto. Muy fuerte, la verdad.

TEO     La gente me quiere linchar y pide que me metan en la cárcel. (*Apesadumbrado. Se sienta en la silla.*) Y si solo fuese eso. En los restaurantes donde voy me dicen que no tienen sitio. Muchos conocidos me han retirado el saludo y otros ni siquiera me cogen el teléfono. (*Se *le empiezan a saltar las lágrimas.)* Nadie quiere ir de caza conmigo. ¡Joder! Es como si fuese un apestado. A los niños les insultan en el colegio, *(Solloza.)* y encima tu hermana se quiere separar… ¡Y a todo el mundo le ha dado por llamarme Doroteo!

GERMÁN    *(Lo abraza, consolándolo.)* Tranquilo Teo. Seguro que todo se arregla. Lo que no entiendo es cómo has dejado que esto haya llegado tan lejos. Creo que no has sabido gestionarlo bien.

TEO    ¿Pero de qué cojones me estás hablando? ¿Gestionar qué?

GERMÁN    La situación. Tenías que haber atajado esa campaña contra ti con más inteligencia. Y haber intentado deshacerte y renegar de la silla eléctrica.

TEO    ¿Y te crees que no lo he intentado? Me he puesto en contacto con el museo de los horrores para donarles la silla y no la quieren. *(Saca su cartera. La abre y se la enseña a GERMÁN.)* Y mira, me he hecho socio de Amnistía Internacional y de la Asociación a favor de la reinserción de presos. *(Se guarda la cartera.)* Incluso he contratado a exreclusos que buscaban trabajo. ¿Y uno de ellos sabes lo que ha hecho? Me ha robado cuatro jamones de pata negra.

GERMÁN    Tal vez tenías que haber intentado limar asperezas con los animalistas.

TEO     Y lo he hecho. He hablado con sus asociaciones. Y he pedido perdón público a ese ecologista al que golpeé. (*Desesperado.*) Pero si he puesto hasta calefacción en las granjas para que los cerdos no pasen frío en invierno. Y les pongo música para que no estén tan estresados. ¿Qué más quieren? ¿Que les cepille los dientes todas las noches antes de dormir? (GERMÁN *calla, con gesto de comprensión hacia* TEO.) Y por otro lado me exigen que no venda jamones a China porque hay pena de muerte. ¡Joder! Si dejo de exportar a China entonces sí que me arruino. Además, ¿por qué no le exigen lo mismo y boicotean a las otras empresas que también exportan a los chinos?

GERMÁN     Porque sus empresarios no han salido fotografiados con una silla eléctrica.

TEO     (*Muy rabioso.*) ¡¿Cómo pude ser tan gilipollas de aceptar tu regalo?! Si ya sabía yo que me iba a traer problemas... Y tú que no, que la silla me iba a dar distinción y glamour, «y» iba a entrar en el club de los Gentlemen Hispanos. ¡Y una mierda! Donde he entrado es en el club de los apestados. Y todo por tu culpa.

GERMÁN     No insistas por ahí, cuñado. Yo te regalé la silla con toda mi buena intención. Lo que faltaba, que me responsabilices ahora de lo que te está ocurriendo.

TEO
Pues claro que te hago responsable. Tú me has metido en este infierno y tú me tienes que sacar de él. Me tienes que ayudar a lavar mi imagen.

GERMÁN
¿Yo? ¿Cómo te voy a ayudar?

TEO
Tú conoces a mucha gente importante y muy influyente de este país. ¿No es así?

GERMÁN
Sí, no te lo voy a negar.

TEO
Pues necesito que, cuanto más gente poderosa y reputada me apoye, mejor. Por ejemplo, estaría muy bien que convencieras a Pablo Motos para que me lleve al *Hormiguero*. Su programa lo ven «millones de gente», y eso sí que sería un buen lavado de imagen. Una entrevista amable, divertida, donde se pueda ver que yo soy un tipo normal, campechano, moderno, nada reaccionario. Y llevar la silla eléctrica al programa y hacer alguna broma con ella.

GERMÁN
¿De verdad hablas en serio? (*Se acerca y señala la silla.*) ¿Una broma con esta silla? Entiendo que la desesperación te lleve a tener estas ocurrencias, pero estás desvariando.

TEO
Vale, no hacemos ninguna broma, pero que me haga la entrevista donde yo deje muy claro que soy un buen tipo, y no estoy a favor de la pena de muerte ni soy un maltratador de cerdos.

GERMÁN  Olvídalo, Teo, de verdad. Conozco bien a Pablo y se va a negar.

TEO  ¡Joder! *(Se desespera.)* También conoces a Cesar Carceler, el escultor, ¿no?

GERMÁN  Sí, ¿por…?

TEO  *(Se acerca a la silla.)* He pensado que Cesar Carceler podría hacer una escultura con la silla eléctrica.

GERMÁN  *(Descolocado.)* ¿Una escultura?

TEO  Sí. Él es un artista muy reputado, famoso por su lucha a favor de los derechos humanos. ¿No es así?

GERMÁN  Pues sí. Es un escultor muy comprometido en la lucha contra la intolerancia. Sus obras son muy reivindicativas.

TEO  *(Con la mano en el respaldo de la silla.)* Ahí voy. Si él hace una escultura con la silla, como protesta contra el fanatismo, significaría para mí un escaparate estupendo para lavar mi imagen. Una obra como el Guernica de Picasso, pero con la silla eléctrica. Yo estaría dispuesto a financiarla.

GERMÁN  *(Pasmado.)* ¿Qué? ¿Una obra como el Guernica con esta silla? Tú estás fatal, Teo.

TEO     ¿Por qué no? Se puede hacer algo muy impactante y crítico… y ponerla en una rotonda para que la vea mucha gente.

GERMÁN     ¡¿En una rotonda?! ¡Por Dios! Es un despropósito, Teo, de verdad. No es buena idea. Carceler es un artista muy íntegro, y en cuanto descubriera el carácter espurio de la propuesta no aceptaría.

TEO     ¿Carácter «espúreo»? ¿Qué cojones es eso?

GERMÁN     Tu interés personal y poco legítimo que hay detrás. Eso Carceler no lo iba a aceptar. Te lo aseguro. ¡Él es muy íntegro!

TEO     ¿Y acaso yo no lo soy? ¡Más íntegro que el pan integral! Honesto como el que más. ¿Y honrado? ¿Has visto a alguien más horado que yo? ¡Soy el Rafael Nadal de la honradez!... (*Abatido.*) Y aquí me ves, Germán. ¿Tú te crees que hay derecho a que se me trate como a un delincuente?

GERMÁN     No. Es una injusticia… pero yo qué puedo hacer.

TEO     Solidarízate conmigo por lo menos. (*Coge a* GERMÁN *del brazo y lo arrastra hasta la silla.*) Sácate tú también una foto en la silla, en mi apoyo, y la difundimos en internet.

GERMÁN    (*Se niega asustado.*) Quita, quita. No es buena idea, Teo.

TEO    (*Insiste y tira de él.*) ¡Qué sí! En cuanto te vean en la silla eléctrica la gente importante se va a sumar en mi apoyo. (*Intenta obligarlo a que se siente.*) ¡Vamos! Siéntate y te saco la foto.

GERMÁN    (*Se resiste.*) Pero estás loco. ¡Suéltame insensato! (*Le da un empujón a* TEO *para liberarse.*) ¿Qué quieres? ¿Arruinarme a mí también la vida?

TEO    (*Le grita furioso.*) ¡Tú me las has arruinado a mí regalándome esta puta silla!

GERMÁN    Por favor, Teo. Eso ya lo hemos hablado.

TEO    (*Más sereno, suplicando.*) Por lo menos sal a cenar conmigo, para que la gente vea que mi cuñado me respalda.

GERMÁN    En esta semana no puedo, pero te llamo para quedar.

TEO    (*Mosqueado.*) No quieres que nos vean juntos, verdad…? ¡Claro! No soy buena imagen para «don Germán Alejandro Sáenz de Abadía». (GERMÁN *calla.*) Con todo lo que he hecho por ti, Germán. Somos amigos desde la infancia. Somos cuñados. Me tienes que ayudar.

GERMÁN    (*Se hace el sentido.*) Lo siento pero esta vez no puedo.

TEO      Claro que puedes, lo que ocurre es que no quieres.

GERMÁN      Te recuerdo que te pedí prestado un dinero para mi negocio de gimnasia pasiva, y te negaste.

TEO      No te lo di porque ese negocio iba a ser una ruina. Como los otros negocios que has «montao». El de la funeraria para mascotas, las sábanas con aíre acondicionado, la *thermomix* para peinados. ¡Todos una ruina! ¿Y quién te prestó el dinero? El menda lerenda. ¿Y cuánto me has devuelto de ese dinero? Ni un céntimo. ¿De verdad  que no me vas a ayudar?

GERMÁN      Ya te he dicho que esta vez me es imposible, y yo te aconsejaría una cosa.

TEO      ¿El qué?

GERMÁN      Que vendas tu empresa, antes de que sea una ruina total.

TEO      ¿Venderla? ¿Y quién estaría dispuesto a comprarla?

GERMÁN      Yo.

TEO      (*Atónito.*) ¿Tú?

GERMÁN      Sí, yo. Y te estaría haciendo un gran favor.

TEO            (*Mosqueado.*) ¿Pero de qué cojones me estás hablando? ¿Comprar tú mi empresa? Si no tienes un puto euro.

GERMÁN         Pero tengo un socio capitalista que estaría dispuesto a aportar el dinero.

TEO            (*Rabioso.*) ¡Qué hijo de perra! ¡La madre que me parió! A eso has venido, cabronazo. A comprarme la empresa por una mierda, ahora que estoy con la soga al cuello.

GERMÁN         (*Solemne.*) No pienses eso, por favor, Teo.

TEO            No te hagas el digno que te conozco perfectamente, Germán. Has olido mi ruina y se te ha hecho el culo «pesicola», y has pensado: «Esta es la mía». Me hago con la empresa del paleto de mi cuñado.

GERMÁN         Siempre tan desconfiado.

TEO            Pues te vas a quedar con las ganas, mangante. Antes prefiero perderlo todo y volverme al pueblo a que tú te hagas con mi imperio, que tanto me ha costado levantar.

GERMÁN         (*Sensato, razonando.*) Yo te lo digo por tu bien, Teo. No seas cazurro. Si no vendes es lo que vas a tener que hacer, volver al pueblo arruinado y ponerte a trabajar de nuevo con los cerdos de tu padre.

TEO      Eso es lo que de verdad pretendes, que vuelva al pueblo arruinado, y si encima sacas tajada mucho mejor. Porque tú nunca has podido soportar que yo, un hijo de porquero, triunfe y encima me case con tu hermana. Y tú, ¡un Sáenz de Abadía!, seas un puto perdedor.

GERMÁN      En el fondo estás lleno de complejos, Teo. Está claro que nuestra familia te ha venido grande. Reconócelo.

TEO      ¿Y me lo dice tú?, que lo único que has hecho en la vida es fundirte la fortuna de la familia y sablear a tus exmujeres, que les has sacado hasta los higadillos. Y ahora ni siquiera les pasas la pensión a tus hijos.

GERMÁN      Ten un poco de dignidad por favor, Teo.

TEO      ¿Tú me hablas de dignidad, que te quieres beneficiar de mi ruina? *(Amenazante.)* Pues antes te juro que quien te arruina la vida soy yo a ti, denunciando todos tus chanchullos ilegales y fraudes a hacienda.

GERMÁN      Te aconsejo que no vayas por ahí, Teo, porque llevas las de perder. Te recuerdo que no estás en la cárcel gracias a mí. O ya no te acuerdas cuando te pillaron en esa estafa por la venta de jamones serranos con la pezuña pintada de negro. ¡Y menos mal que yo era amigo del juez!

TEO      ¿Y cuánto me costó aquello? Un cojón y parte del otro. Y encima tú y el juez os quedasteis con la partida de jamones, ¡y os forrasteis con su venta para las cestas de navidad!

GERMÁN      Poco pagaste por librarte de la cárcel.

TEO      A ver si vas a ir tú ahora.

GERMÁN      (*Se encara con él.*) ¿Cómo…? Ten mucho cuidadito con lo que haces. Te lo advierto.

     (*Los dos se miran a los ojos… Justo en ese momento, aparece* DANIEL, *cortando la tensión.* TEO *y* GERMÁN *se quedan sorprendidos al verlo.*)

TEO      (*Mosqueado.*) ¿Y tú que coño haces aquí?

DANIEL      Vengo a por la silla eléctrica. Tú me la regalaste. He traído una furgoneta para llevármela.

TEO      (*Enfurecido contra* DANIEL.) ¿Qué? ¿Pero cómo tienes los santos cojones de presentarte en mi casa? (*Se va a por* DANIEL.) Yo te mato, cabrón.

     (GERMÁN *lo frena.*)

GERMÁN      Tranquilo, Teo, no merece la pena.

TEO      (*Se revuelve.*) ¡Suéltame! Se va a enterar. (*A* DANIEL, *airado.*) Me has destrozado la vida hijo de perra.

DANIEL      ¿Yo? ¿Por qué?

TEO         ¿Y encima tienes el valor de preguntarlo? Tú
            has difundido mi foto en la silla. Y tengo a
            todo dios en mi contra. ¡Es mi ruina!

DANIEL      Estás muy equivocado. Yo no he difundido esa
            fotografía.

TEO         ¿Entonces quién ha sido?

DANIEL      Lo haría Germán.

GERMÁN      (*Contra* DANIEL.) ¿Pero tú qué coño dices? Se-
            rás mentiroso. Yo no la filtré. ¿Qué razón iba
            a tener para hacerlo?

DANIEL      Pues joder a tu cuñado porque no te quiso pres-
            tar el dinero para tu nuevo negocio, por ejem-
            plo. O cachondearte de él, que te encanta.

GERMÁN      (*Con desdén.*) ¿Que a mí me gusta reírme de
            mi cuñado?

DANIEL      Más que a un hippy un porro. (*A* TEO.) ¿Has
            visto un meme que circula por ahí, donde sa-
            les disfrazado de matarife electrocutando a un
            cerdo y haciendo chorizos con él? Pues Ger-
            mán lo ha estado reenviando, con muchos
            emoticonos llorando de risa. Me ha llegado
            hasta a mí.

TEO         (*A* GERMÁN, *rabioso.*) ¡Qué «hijoputa» eres!

GERMÁN     ¿Acaso vas a creer a este majadero?

TEO     ¡Pues claro! Y no me extrañaría que fueras tú quien mandó la foto.

GERMÁN     (*Arrogante.*) ¡Por Dios! Eso es más típico de Daniel en venganza por ponerlo de patitas en la calle. (*Muy sibilino.*) O también por resentimiento por haberle robado a mi hermana.

TEO     (*Salta contra* DANIEL, *enajenado.*) ¡Claro! Todo se junta. Has sido tú. Y seguro que estás gozando de lo lindo viendo como me linchan. Con todo lo que he hecho por ti.

DANIEL     ¿Pero tú qué has hecho por mí?

TEO     Ayudarte cuando viniste llorando y mendigándome trabajo, porque te habían despedido del cine donde trabajabas de acomodador.

DANIEL     Eso es mentira. No me despidieron. Cerró el cine. Y no lloré ni te mendigué nada. Fuiste tú quien me ofreció trabajar en tu granja, ¡electrocutando cerdos por un sueldo de mierda!

TEO     Pero era trabajo. No haberlo aceptado.

DANIEL     No me quedaba otra. Tenía que comer.

TEO     Pues eso. Has comido gracias a mí y así me lo pagas. ¿Cómo puedes ser tan rastrero y tan mal amigo?

DANIEL     Mal amigo tú que me despediste.

TEO        Cómo no te iba a despedir si fuiste un traidor
           y buscabas mi ruina.

DANIEL     ¿Un traidor? ¿Buscar tu ruina?

TEO        Pues sí. Haciéndote vegetariano y amigo de los
           animalistas. Esa gentuza quiere aniquilarme.

DANIEL     Porque llevan razón. Lo que haces con esos
           cerdos es una salvajada.

TEO        (*Fuera de sí, agarra a* DANIEL *por la pechera, a
           un palmo de su cara.*) Salvajada en lo que yo
           voy a hacer contigo, ¡mamón! Te parto la cara
           a hostias.

DANIEL     Como se la partiste a ese ecologista, ¿no? Pues
           te va a costar muy cara tu chulería, porque vas
           a ir a la cárcel.

TEO        Yo voy a la cárcel y tú al cementerio.

           (TEO *se dispone a sacudirle pero* GERMÁN *inter-
           viene y lo frena.*)

GERMÁN     No entres en sus provocaciones, Teo, por fa-
           vor. (*Consigue que suelte a* DANIEL. *A* DANIEL.)
           Y tú será mejor que te largues.

DANIEL     Claro que me largo, pero con la silla, porque
           es mía.

*(Se acerca a ella, con la intención de llevársela.)*

TEO      *(Grita.)* Ni se te ocurra tocarla.

DANIEL      Tú me regalaste la silla, y no solo una vez, sino varias veces, y Germán está de testigo.

GERMÁN      Yo no escuché nada.

DANIEL      *(Rabioso.)* Tú lo escuchaste perfectamente. Y me llevo la silla.

*(Se dispone a cogerla. TEO se adelanta y se sienta en ella.)*

TEO      Llévatela si tienes cojones.

DANIEL      *(Saca el móvil.)* Tú quédate ahí que te voy a sacar otra fotografía.

*(TEO se levanta como un rayo de la silla.)*

TEO      Serás cabrón. *(Se va a por DANIEL.)* Se acabaron las gilipolleces. ¡Vamos! Fuera de mi casa. Y sin la silla. Si te la regalé ahora te la «desregalo».

DANIEL      Ya sabía yo que tú no eres un hombre de palabra. Nunca lo has sido. Así has hecho tu fortuna. Engañando a la gente.

TEO      *(A GERMÁN, señalando a DANIEL.)* Este ha vuelto a fumar porros y le está afectando al cerebro.

GERMÁN      Seguro, porque está desvariando y mucho.

DANIEL      (*Picado.*) Digo la verdad. (*A* TEO.) Tú no sabes lo que significa el honor, ni ser un caballero.

TEO      ¿Me lo vas a decir tú a mí? (*Con soberbia.*) ¡Yo soy el presidente de honor de los Caballeros Solidarios! Y te lo digo bien clarito a ver si te enteras. Honor, Caballero y Solidario, porque a mí a solidario no me gana nadie. Soy de Unicef, de Cáritas, de Médicos sin Fronteras, de Acción contra el Hambre, de Amnistía Internacional… y dono a todos ellos una buena cantidad de dinero. (*Se encara con* DANIEL.) ¿Y tú? ¿Cuánto donas tú? Seguro que ni un mísero euro, ¿y me vienes a dar lecciones? Te lo vuelvo a repetir. ¡Soy el presidente de honor de los Caballeros Solidarios!

GERMÁN      (*Puntualiza afectado.*) Lo siento mucho cuñado, pero ya no lo eres.

TEO      (*Extrañado.*) ¿Cómo que no lo soy?

GERMÁN      Ya veo que no has leído la noticia. Hace unas horas te han destituido del cargo. Lo he leído mientras venía para acá.

TEO      (*Descolocado.*) Pero eso no puede ser.

     (GERMÁN *saca el móvil, busca la noticia y se la enseña.*)

GERMÁN    Aquí lo dice.

(*Le entrega el móvil a* TEO.)

TEO    (*Lee.*) La asociación de los Caballeros Solidarios ha decidido, en junta extraordinaria, destituir del cargo de presidente de honor a don Doroteo Carrascal, por sus notables muestras de intolerancia y maltrato animal. (*Reacciona enfurecido.*) ¡Serán hijos de la gran puta! ¿Cómo pueden ser tan cabrones? Y ni siquiera me llaman para decírmelo. Con la cantidad de dinero que me han sableado.

DANIEL    (*Irónico.*) Al final al honrado caballero se le ha visto el plumero.

TEO    (*Rabioso.*) Demasiado caballero he sido con gentuza como tú «dandos» trabajo. ¡Panda de ingratos! que tendríais que besar por donde piso.

DANIEL    Pero si eres un explotador y tienes a la mitad de empleados trabajando sin seguridad social.

TEO    ¡¿Explotador yo?! ¿Cómo tienes el valor de decirlo? Me he matado a trabajar de sol a sol para levantar mi negocio, mientras que tú estabas rascándote los cataplines, fumando porros y bebiendo cerveza.

DANIEL    Eso no es verdad.

| | |
|---|---|
| Teo | Como la copa de un pino. Toda tu vida has sido un puto vago. Y así te ha ido. Eres tan inútil que solo sirves para electrocutar cerdos «pringao» de mierda. |
| Daniel | Eso es lo que tú querías. Verme lleno de mierda hasta las orejas. Porque no me diste ese trabajo por generosidad, sino para humillarme. Que te encantaba llevar a conocidos a la granja para exhibirme y que me vieran ahí, trabajando entre los cerdos. |

(Germán, *que ha estado siguiendo la discusión, interviene.*)

| | |
|---|---|
| Germán | (*A* Teo) En eso sí que lleva razón, Teo. La de veces que te he oído comentar a gente conocida: ahí tengo al Daniel, el hijo del médico, trabajando para mí, electrocutando cerdos «rebozao» de mierda. Y partirte de risa. |
| Teo | Lo decía sin ninguna maldad. (*A* Daniel.) ¿Por qué iba yo a querer humillarte? |
| Daniel | ¿Quieres que te lo diga? Pues te lo voy a decir. Nunca has podido soportar la semana que pasé en Ibiza con Teresa. |
| Germán | (*Divertido.*) De nuevo el viajecito a Ibiza. Tardaba mucho en aparecer. |
| Teo | (*Se ríe de* Daniel.) Pero serás iluso. ¿Molestarme eso a mí? ¿Celos de ti con Teresa? Eso |

es lo que a ti te gustaría, haber tenido algo con ella.

DANIEL       Para no haber tenido nada bien que rabias por ese viaje.

TEO          ¡¿Yo?! Pero si eso pasó hace mucho tiempo, y erais unos inocentes. Jugando a ser hippies, como dos bobos. Pero nada más.

GERMÁN       Bueno. Nada más y nada menos, porque también rodó ese cortometraje con mi hermana bañándose desnuda.

TEO          (*Pasmado.*) ¿Cómo? ¿Tu hermana desnuda? Yo vi ese corto y no se le veía nada.

GERMÁN       Porque yo obligué a Daniel a que quitara esos planos del corto. ¡Menudo disgusto fue para la familia! Teresa desnuda.

TEO          (*Sobrecogido.*) ¿Pero cómo de desnuda?

GERMÁN       Pues desnuda. Bañándose en el mar.

TEO          ¿Y qué se le veía?

GERMÁN       Pues todo.

TEO          ¡¡¿Todo?!!

GERMÁN    Todísimo. Con lo cristalina que es el agua en Ibiza imagínate. Se veían hasta los peces nadando alrededor.

TEO    (*Indignado.*) ¿Y cómo yo no sabía nada? Es mi esposa y la madre de mis hijos.

GERMÁN    La familia decidió mantenerlo en secreto, para que no fuese un escándalo.

TEO    (*A* DANIEL, *enfurecido.*) ¡Serás degenerado! ¿Cómo fuiste capaz de engañar a Teresa? Seguro que le hiciste fumar marihuana para filmarla desnuda.

DANIEL    Yo no la engañe. Lo hizo encantada. Y eran unos desnudos artísticos.

GERMÁN    Ahora va a decir que lo hizo por «exigencias del guion».

DANIEL    Solo mentes enfermizas se escandalizan por algo así, que ven cosas raras donde no las hay.

TEO    (*A* GERMÁN.) ¡Y encima nos llama enfermos! (*A* DANIEL.) Aquí el único enfermo eres tú. Pervertido, vicioso... Menos mal que Teresa pronto se dio cuenta de que eras un vende motos que te las ibas dando de artista y de moderno. Y me eligió a mí.

DANIEL

Sí. A un paleto con ínfulas. Que todavía sigues diciendo «cocretas y almondigas». En la familia de los Sáenz de Abadía te llama «El cocreta», por si no lo sabías. ¿Verdad, Germán?

GERMÁN

No intentes pringarme ahora a mí. (*A* TEO) Te advierto una cosa, Teo. Ten cuidado con Daniel, que puede aprovechar para arrimarse a mi hermana, ahora que vosotros estáis en crisis. Es capaz.

TEO

(*Amenaza rabioso a* DANIEL.) Mucho cuidadito. Te lo advierto… Como se te ocurra acercarte a Teresa saco el cuchillo de capar cerdos y te corto los cojones… ¿Me oyes?

DANIEL

Tranquilo que yo no quiero nada con Teresa. Yo solo quiero lo que me pertenece: la silla eléctrica, y si tuvieras un poco de decencia dejarías que me la llevara.

TEO

(*Desesperado.*) Pues llévatela, «pesao», y así me la quito de encima.

(GERMÁN *salta cabreado.*)

GERMÁN

¡Y una mierda! (*A* TEO.) La silla te le regalé yo a ti, y no a este sinvergüenza. Y no se la lleva.

DANIEL

(*A* GERMÁN.) El sinvergüenza lo serás tú. Y claro que me llevo la silla, y ahora mismo.

GERMÁN     Ni hablar. Si mi cuñado no quiere la silla me la quedo yo, que para eso se la regalé.

DANIEL     Tú bien lo dices. Le regalaste la silla y es de Teo, y él hace con la silla lo que quiera. Y me la ha regalado a mí. Y me llevo al silla.

*(Hace ademán de coger la silla.)*

GERMÁN     Ni se te ocurra tocar la silla.

DANIEL     La toco porque la silla es mía y se viene conmigo.

*(La coge.)*

GERMÁN     *(Lo aparta de la silla.)* Por encima de mi cadáver. Demasiado valiosa es esta silla para que termine en tus manos. No lo voy a permitir.

DANIEL     Tú no tienes que permitir nada, ¿pero quién te crees que eres? La silla me la ha regalado Teo.

GERMÁN     *(Condescendiente.)* No seas tonto Daniel. Sabes que no te vas a llevar la silla. No insistas.

DANIEL     *(Coge la silla.)* Claro que la silla me la llevo. Es mía.

GERMÁN     Me vas a terminar cabreando. Suelta la silla.

| | |
|---|---|
| Daniel | ¿El señorito se va a cabrear?... Pues peor para ti, pero la silla se viene conmigo. |

(*Intenta llevársela.* Germán *se lo impide.*)

| | |
|---|---|
| Germán | Aparta tus sucias manos de la silla. La vas a romper. |
| Daniel | La silla es mía. |
| Germán | Deja la silla. Que te parto la cara. |
| Daniel | Eso no va a impedir que me lleve la silla. |
| Germán | Esta silla vale mucho dinero y seguro que la quieres vender. |
| Daniel | Lo que haga yo con la silla a ti te importa poco. |
| Germán | Para que te forres tú me forro yo con la silla. |
| Daniel | (*Grita.*) La silla es mía. |

(*Forcejean por la silla. De pronto, se oye un tiro ensordecedor.* Germán *y* Daniel *se quedan paralizados del susto.* Teo, *escopeta humeante en mano, sale de la oscuridad de un rincón y se acerca a ellos.*)

| | |
|---|---|
| Teo | ¡Aquí no se va a forrar ninguno de los dos! ¡La silla se queda aquí! Por mis santos cojones. (*Apunta con la escopeta a* Germán *y* Daniel. *Grita.*) Y ahora largo. ¡A la mierda! Fuera |

de mi casa los dos. ¡Vamos! (GERMÁN y DA-
NIEL *se recomponen la ropa, sudorosos por el for-
cejeo, y se marchan.* TEO, *con parsimonia, va al
rincón oscuro y deja allí la escopeta. Vuelve pensativo. Y se sienta en la silla. Silencio. Pasado
un momento,* GERMÁN *regresa.* TEO *reacciona
mosqueado.*) ¿Qué cojones haces de vuelta? Te
he dicho que te largues.

GERMÁN  (*Señala al mueble bar.*) Me he dejado la chaqueta. (*Se acerca a recogerla. Se la pone y se
marcha. De pronto, suena el móvil que estaba
dentro de un bolsillo de la chaqueta.* GERMÁN
*mira quién llama y responde raudo.*) Sí…
Dime… (*Aterrado.*) ¿Cómo…? No puede ser…
Sí, ahora voy a su casa… Gracias por llamar.

(GERMÁN *cuelga sobrecogido.*)

TEO  ¿Qué ocurre?

GERMÁN  Han encontrado el cuerpo sin vida de Violeta. En un pozo.

TEO  (*Espantado*) ¿Cómo?

GERMÁN  Hace unas horas. Y el asesino ha sido deteni-
do…

TEO  ¡Qué horrible!

GERMÁN  Voy corriendo a casa de Tomás y Raquel…
¡Dios! ¡Cómo tienen que estar los pobres!

(*Se marcha a toda prisa.* Teo *se queda pensativo, sentado en la silla.*)

**Oscuro.**

## Acto tercero

*La silla eléctrica sigue en medio del escenario. TEO está sentado en ella, hablando por teléfono con los auriculares inalámbricos puestos. Se le ve enérgico, prepotente, autoritario.*

TEO    No, Enrique, me habéis hecho mucho daño… No insistas. No pienso aceptar de nuevo la presidencia de honor de los Caballeros Solidarios… Sí, ya sé que vais a echar a los que promovieron mi expulsión… *(En el móvil de TEO suena la entrada de otra llamada.)* Espera un momento, Enrique, que tengo otra llamada *(Da un botón en el móvil para atenderla.)* Dime, Felipe… *(Eufórico.)* ¿Qué han pedido más jamones? ¿Cuántos?... Pero eso es una noticia cojonuda… Luego me paso por la granja. Adiós. *(Da al botón y vuelve a la primera conversación.)* Sí, Enrique, ya estoy contigo… No, de verdad, no insistas. «Dar» la presidencia de honor a otro… Aunque mira, pensándolo bien, habría una posibilidad de que aceptara de nuevo el cargo… Tú eres primo de Leopoldo Contreras, el presidente de la Real Academia de la Lengua, ¿no es así?... Pues si quieres que vuelva a ser presidente de honor lo tienes fácil. Convence a tú primo para que la Academia de la Lengua acepte como correctas las palabras «almóndiga» y «cocretas», y también «güevos»... ¡Ah!, que «almóndiga» ya está aceptada, pero como vulgarismo. Pues que deje de ser vulgarismo y la acepten como dios manda... No es imposible, Enrique. Si te lo trabajas bien seguro que convences a tu primo. Palabras peores han aceptado, y estas se llevan diciendo toda la vida... Perdona de nuevo, pero tengo otra llamada. (*Atiende.*) Dime Jorge... Pues claro que puedes utilizar mi foto en la silla eléctrica... Sí, con esa declaración... Quiero encabezar la lista de recogida de firmas, y hay que llevarlas al Congreso... Muy bien, perfecto. (*Vuelve con Enrique.*) Pues sí, Enrique, claro que puedes convencer a tu primo y yo sabré ser generoso. Como lo he sido otras veces... (TEO *se fija en que* GERMÁN *acaba de llegar.*) Perdona Enrique pero tengo una visita... Lo que te digo. Si te lo propones lo puedes conseguir... Un abrazo fuerte. (*Cuelga. Se quita los auriculares y se levanta de la silla. Irónico*) Qué sorpresa, don Germán Alejandro Sáenz de Abadía por aquí. ¿A qué se debe «su» visita?

GERMÁN      Vengo de parte de Tomás y Raquel.

TEO      (*Extrañado.*) ¿Y eso? Pensaba que iban a venir ellos. Habíamos quedado.

GERMÁN      No tienen fuerzas para salir de casa, ni hablar con nadie. Y me han pedido que viniera yo, y te dijera que están muy agradecidos por todo lo que estás haciendo por ellos.

TEO

(*Apesadumbrado.*) No me extraña que esos padres no tenga fuerzas ni para respirar. Lo que han hecho con su hija no tiene perdón. Es horrible. Pobres.

GERMÁN

Están sufriendo lo indecible.

TEO

Diles, cuando los vuelvas a ver, que no me tienen que agradecer nada. Es lo mínimo que se puede hacer, apoyar a esa familia en estos momentos tan duros.

GERMÁN

Y tú los estás apoyando y mucho con tu fotografía en la silla eléctrica. Está teniendo un gran impacto.

TEO

Pues sí. Me alegra que la foto sirva para que la gente se solidarice con Tomás y Raquel. Y salga a la calle a exigir penas más severas contra los criminales.

GERMÁN

Pensaba que tú eras más de estar a favor de la reinserción de presos, al ser miembro de Amnistía Internacional.

TEO

Qué equivocado estaba. Ya he roto el carnet. Eso de la reinserción son patrañas. Ya lo intenté dando trabajo a unos exreclusos en la granja, y ¿sabes lo que pasó?

GERMÁN  Sí, me lo contaste, que uno de ellos te robó cuatro jamones de pata negra.

TEO  (*Indignado.*) Para que veas. Por ser bueno. Está visto que con esa escoria, no hay otro lenguaje que la mano dura y, si es necesario, la pena capital. (*Señala la silla.*) ¡Ahí sentados! Como en Estados Unidos. Que hagan algo así con tu hija, y que ese monstruo dentro de unos años esté en la calle. No hay derecho, hombre. Es indignante, inmoral. (*En ese momento, suena el móvil de* TEO. *Lo coge.*) Dime, Felipe… (*Eufórico.*) ¡Pero eso es una noticia cojonuda! Claro que tengo a disposición mil jamones de pata negra para el Congreso de Jueces Cristianos… Tú tranquilo, ya los sacaremos de donde sea. Mañana mismo están listo… Luego nos vemos… (*Cuelga eufórico y vuelve a la pesadumbre.*) Pues sí. Me imagino lo mucho que tuvo que sufrir esa pobre chica y me pongo enfermo. Lógico que la gente monte en cólera y exija condenas judiciales mucho más duras. Y si yo en esa foto en la silla soy el abanderado de esa lucha, pues tan orgulloso… ¿O tienes alguna objeción?

GERMÁN  ¿Yo? Ninguna.

TEO  Y que quede muy claro que no es revanchismo. Ni ojo por ojo como dicen algunos. (GERMÁN *se acerca al mueble bar y se fija que está llena de botellas de licores muy caros.* TEO *se percata y también se acerca.*) Como ves mi bodega vuelve a estar repleta de buenos licores. (*Coge una botella.*) Tengo tu whisky preferido.

GERMÁN   (*Disimula.*) Ni me había fijado.

TEO   (*Orgulloso.*) Pues sí. Vuelvo a permitirme el lujo de comprar los licores más caros, porque mis jamones se vuelven a vender como churros.

GERMÁN   Ya me he enterado. Y me alegro.

TEO   (*Suelta una carcajada*) ¡Por favor, Germán! Tú qué te vas a alegrar.

GERMÁN   Claro que sí. Eres mi cuñado.

TEO   ¿Ahora resulta que vuelvo a ser tu cuñado?, porque cuando estaba en la ruina, de cuñado nada. Renegabas de mí como la peste.

GERMÁN   No exageres.

TEO   ¿Exagerar? Si no querías verme ni en pintura mientras la gente me repudiaba, y no me quisiste ayudar.

GERMÁN   Hice lo que pude.

TEO   (*Rabioso.*) Intentar sacar provecho de mi ruina. Eso es lo que hiciste. Pero mira, al final la gente de bien ha salido en mi defensa por el linchamiento que estaba sufriendo por esa fotografía.

GERMÁN      Una fotografía que ahora te está subiendo a los altares. ¡Qué paradojas tiene la vida!

TEO      Se está haciendo justicia. ¡Ah! Y que lo sepas. La semana que viene voy al programa de tu amiguito Pablo Motos, al que tú no me quisiste presentar.

GERMÁN      No era el momento… Por cierto. Llegué a hablar con Cesar Carceler, y está dispuesto a hacer una escultura reivindicativa con la silla eléctrica.

TEO      Ahora a quien no le interesa es a mí. Además, ese artista es un demagogo y un farsante. Mucho exigir solidaridad con los oprimidos y le sale el dinero por las orejas.

GERMÁN      Antes no pensabas lo mismo.

TEO      Porque no había escuchado la Cope. Aquí la «revindicación» verdadera la estoy haciendo yo. Y por una causa justa.

GERMÁN      *(Sin poder morderse la lengua.)* Y si ya de paso vuelves a vender jamones pues mucho más justa todavía.

TEO      Pues sí. Aunque a algunos les hierva la sangre vuelvo a ser ¡el magnate de los jamones de pata negra!... *(Se sirve un whisky bajo la mirada ansiosa de* GERMÁN.*)* ¡Y que se jodan todos aquellos que me querían arruinar la vida!

Y que vayan rezando porque ahora me toca a mí ir a por ellos, aunque se escondan como ratas. (*Se bebe el whisky de un trago y* GERMÁN *salivando.* TEO *saca toda su rabia, vengativo.*) ¿Dónde está ahora esa chusma que pedía que no se compraran mis jamones, o se mofaban de mí? (*Saca el móvil y lo señala.*) ¿Cómo se les dice a esos chistes?

GERMÁN          Memes.

TEO          Pues eso. Me difamaban con todos esos memes acusándome de sanguinario, fascista, maltratador de animales... ¿Dónde están ahora? Callados como putas... y muchos de ellos lo van a pagar caro porque ya están denunciados. Ese chulito que me sacó electrocutando a un cerdo y haciendo chorizos con él se va a pasar unos cuantos años en la cárcel, por delitos contra mi honor «y» ¡«icitación» al odio!... ¡Y ahora me viene pidiendo perdón el muy cobarde! (*Con tonillo.*) «Que yo no quería hacerlo, que era una broma...». Se puso incluso a llorar delante de mis abogados. ¡Será maricón! ¡Qué perdón ni qué cojones! Que reciba un buen escarmiento. Y también lo van a pagar caro esos reporteros que se colaron en una de mis granjas. Los voy a crujir. También están denunciados y me van a tener que soltar una buena pasta. (*Puntualiza.*) Ahora, eso sí. De ese dinero para mí ni un céntimo. Lo voy a donar a los Huérfanos de Funcionarios de Prisiones. Todito.

GERMÁN     Muy loable por tu parte. Es un buen gesto.

TEO     (*Mientras se sirve otro whisky delante de* GERMÁN.) ¿Sabes quién me llamó?... Borja Serrano. El muy imbécil tuvo el valor de llamarme para invitarme a una montería en Valverde del Condado, a cazar ciervos, cuando me ha tenido vetado en sus otras cacerías.

GERMÁN     Yo estuve en esa montería, y Borja no me comentó que te había invitado.

TEO     Pues sí, me invitó ¿y sabes lo que le dije? ¡Métete tus ciervos por el culo Borja Serrano! (*Se ríe.*) ¡Qué a gusto me quedé!... (*Bebe y saborea el whisky.*) La montería gorda es la que yo he organizado para la semana que viene en la finca del marqués de Utrera. ¡Va a asistir hasta el rey!

GERMÁN     No sabía nada.

TEO     No sabías nada porque no te he invitado. Yo no invito a los cuñados cabrones.

GERMÁN     (*Orgulloso.*) Creo que exageras, pero bueno, no necesito que me invites a tu montería.

TEO     ¿De verdad? Con lo que te gustaría llevarle la escopeta al rey. (*Da otro trago de whisky.*) Y no te creas que me he olvidado de Daniel. (*Rabioso.*) Porque él también va a pagar caro lo que hizo. De primeras ya he conseguido que lo despidan de la empresa donde había conseguido trabajo. *(Ríe.)* Una simple llamada y le han puesto de patitas en la calle.

GERMÁN  Sí, el otro día me llamó Daniel para contármelo.

TEO  *(Sonríe vengativo.)* Estaría jodido, ¿no?

GERMÁN  Claro. Te lo puedes imaginar. Hecho polvo. Está a punto de ser desahuciado.

TEO  Pues me alegro, por querer arruinarme la vida mandando esa fotografía. *(Mira a los ojos a GERMÁN.)* Aunque todavía no te creas que tengo claro quién la filtró, porque puede que fueras tú.

GERMÁN  *(Molesto.)* ¿Aún sigues dudando? ¿De verdad me crees capaz?

TEO  Por dios, Germán. Que nos conocemos desde críos, y a cabrón no te gana nadie. Quisiste incluso quedarte con mi empresa.

GERMÁN  Te la quise comprar para hacerte un favor y que no terminaras en la ruina total.

TEO  ¡Y un cojón! Yo te importaba una mierda. Es más, disfrutabas con mi linchamiento.

GERMÁN  Por favor, cuñado. No exageres. Estás sacando las cosas de quicio.

TEO            De eso nada. Tú pasabas esos memes que se
               hacían contra mí, y ponías aplausos y caritas
               descojonándote de risa.

GERMÁN         Eso son bromas, hombre, qué poco sentido del
               humor tienes. Pero vamos, que no he venido
               aquí para que me eches en cara tus rencores.
               Parece que ya no te acuerdas de lo generoso
               que he sido contigo. He convencido incluso a
               mi hermana para que no se divorcie.

TEO            Ahora resulta que toda la familia Sáenz de Aba-
               día me quiere un «güevo». ¿No será porque
               vuelvo a tener dinero? Tu hermana, cuando
               ya no podía tirar de tarjeta, porque la cuenta
               estaba seca, se quería separar, y ahora, (Ac-
               tuando.) «cuánto me arrepiento, mi amor».
               No la mando a la mierda por los niños, que
               los pobres no tienen la culpa de nada. (Se acer-
               ca a GERMÁN y lo señala con el dedo índice.) Y
               a ti te advierto una cosa. No vas a volver a ver
               un euro mío. Ni a beberte mi whisky. Se aca-
               bó. Y lo que tendrías que hacer es devolver-
               me todo lo que me debes.

GERMÁN         No sufras por eso porque te lo devolveré.

TEO            Cuando las ranas críen pelo. Si las estás pasan-
               do canutas y vas huyendo de los acreedores. Y
               espera que tus ex no te metan en la cárcel por
               no pasar la pensión de tus hijos.

GERMÁN         Me parece que estás muy mal informado.

TEO          Ah, sí. ¿Entonces por qué habéis vendido el
             retrato del «agüelo» ¡Don Germán Alejandro
             Sáenz de Abadía!? Porque ese retrato, emble-
             ma y honra de la familia, era sagrado y no se
             vendía.

GERMÁN       Nos hicieron una oferta magnífica y era de
             tontos rechazarla.

TEO          Ya lo creo que ha sido una oferta cojonuda,
             porque el cuadro lo he comprado yo.

GERMÁN       (Sorprendido.) ¿Tú?

TEO          (Se jacta.) Sí, yo. El paleto vendedor de jamo-
             nes. Yo soy el dueño ahora de don Germán
             Alejandro Sáenz de Abadía, el del pómulo cua-
             drado, la estirpe de la familia, el abolengo, el
             linaje.

GERMÁN       (Rabioso.) Pues sí. Y nos sentimos muy orgu-
             llosos. Mi abuelo era toda una eminencia.

TEO          ¿Pues sabes dónde he colgado a su excelentí-
             sima eminencia? En la granja, con los cerdos…
             Don Germán Alejando Sáenz de Abadía con
             los marranos, y no con los de pata negra, sino
             con los gorrinos de deshecho, para recordar-
             me lo puercos que sois en esa familia.

GERMÁN       (Más rabioso.) Ahora resulta que somos unos
             cerdos, pero tú bien que deseabas entrar en la
             familia. Anda que no te trabajaste el casarte

con mi hermana, que daba pena verte. Si hasta te hiciste de la tuna de veterinaria para ir a rondarla. (*Se burla cantando.*) Clavelitos, clavelitos, clavelitos de mi corazón. Eras patético. (TEO, *herido, calla.*) Y al final lo conseguiste porque eras mi amigo, y anda que no te has beneficiado por haberte casado con una Sáenz de Abadía. Lo que has presumido y alardeado. Y los jamones de pata negra que has vendido. Y así nos lo agradeces.

TEO      ¿Agradecerlo? Pero si no he parado de hacerlo desde que me casé. Y a toda la familia. Me habéis sableado pero bien. He pagado hasta la dentadura postiza de tu madre.

GERMÁN      Pero cómo puedes ser tan zafio. Poco peaje has pagado por pertenecer a mi familia. No tienes dinero suficiente, porque la clase y el abolengo no se pueden comprar, y tú, por mucho que quieras ser uno de nosotros no lo vas a conseguir. Siempre se te va a notar el pelo de la dehesa, y siempre seguirás diciendo «cocreta», «almondiga» y «agüelo».

TEO      Tú búrlate que dentro de poco esas palabras van a estar aceptadas por la Real Academia. Es el lenguaje del pueblo, de la gente llana a la que yo pertenezco, ¡y con mucho orgullo! Esa gente de bien que me apoya y me felicita por lo que estoy haciendo.

GERMÁN      ¿Pero tú que estás haciendo?

TEO      Una cruzada para que a los criminales se les meta en la cárcel a perpetuidad. ¿Te parece poco? Eso es lo que a mi me llena de orgullo y satisfacción.

GERMÁN      La satisfacción de vender más jamones.

TEO      Te jode, ¿verdad? Rabias al ver como vuelvo a estar en la cima. Y para que rabies aún más, te comunico que voy a volver a ser presidente de honor de los Caballeros Solidarios.

GERMÁN      *(Se Ríe.)* Por favor, Teo... Si esa sociedad huele a naftalina que apesta. Si me hablaras del club de los Gentlemen Hispanos, pues aún podrías jactarte de algo.

TEO      Esos señoritingos envarados y finolis me importan tres cojones. ¡A tomar por saco su club!

GERMÁN      Pues es una pena, porque ahora tendrías la posibilidad de entrar y ser uno de ellos...

     *(Silencio.)*

TEO      *(Simula su interés.)* ¿Y eso?

GERMÁN      Dos de los socios estarían dispuestos a firmar tu admisión, y con mi firma serían tres, las necesarias para entrar en el club. (TEO *calla incitado.* GERMÁN *lo tienta.)* ¿Y sabes quién es uno de esos socios que está dispuesto a firmar? El marqués de Leguineche.

TEO          (*Sorprendido.*) ¿El marqués de Leguineche ha pedido mi admisión?

GERMÁN       Más que pedirla yo lo he convencido para que la acepte. ¡Sería entrar en el club por la puerta grande! Para que luego digas que me importas una mierda.

TEO          (*Conciliador.*) Hombre, Germán. Tienes que entender mi enfado.

GERMÁN       Eso lo puedo llegar a entender. Lo que no entiendo es que te ofrezca ser un Gentleman Hispano y codearte con la «crème de la crème» y tú prefieras a esos apolillados de los Caballeros Solidarios… Allá tú.

             (*Hace ademán de irse.*)

TEO          (*Frenándolo.*) Espera un momento, Germán, por favor. Tal vez sí podría estar interesado en entrar en el club.

GERMÁN       Sería un gran privilegio para ti.

TEO          ¿De verdad lo crees posible?

GERMÁN       ¡Pues claro hombre! No puedes rechazar esta gran oportunidad. Tú te mereces ser uno de los nuestros... Vamos a tomarnos un whisky para celebrarlo. (*Se dirige hacia el mueble bar cuando, de pronto, aparece* DANIEL. TEO *y* GERMÁN *reaccionan sorprendidos al verlo.*) ¡Coño! Daniel!

TEO            (*Prepotente y sarcástico.*) ¡Qué sorpresa! De
               nuevo por aquí…

GERMÁN         Habrá venido a por la silla eléctrica.

TEO            No creo que sea tan insensato. (*A* DANIEL.) Me
               imagino que has venido a pedirme perdón,
               ¿no…?, y a suplicarme trabajo. Porque ya sé
               que te han puesto de patitas en la calle.

DANIEL         Sí, gracias a ti. Todo un cabronazo.

TEO            (*Disfrutando.*) Con gentuza como tú por su-
               puesto. ¿Acaso pensabas que me iba a olvi-
               dar? Filtraste esa foto y casi me arruinas la
               vida, que es lo que te hubiera encantado.

DANIEL         Ya veo que sigues convencido de que fui yo
               quien colgó esa fotografía en las redes.

GERMÁN         (*Se acerca al mueble bar y coge la botella de
               whisky.*) Pues claro. ¿Quién iba a ser si no?

TEO            (*Arremete contra* DANIEL.) Ten cojones para re-
               conocerlo. Seguro que te relamías viendo como
               me difamaban y se mofaban de mí. Pero aho-
               ra quien se descojona soy yo, porque no ha-
               béis podido conmigo, ni tú ni tus amigos los
               animalistas… ¿Dónde están ahora? Ya no se
               atreven a hacer manifestaciones delante de
               mis granjas. ¡Que se les ocurra! Que la gen-
               te les salta a la yugular. Y ese ecologista a
               quien le partí la cara ha retirado la denuncia

por falta de testigos. (*Se jacta.*) Y me queríais meter en la cárcel.

DANIEL    Hubiese sido lo justo.

TEO    Justicia voy a hacer yo contigo. ¿Qué es lo que me decías? Ah, sí, que soy un paleto con ínfulas, un explotador, un gañán… Pues vas a comprobar lo gañán que soy, porque te juro que no voy a parar hasta destrozarte la vida.

DANIEL    No te pongas tan chulito porque a lo mejor quien te la destroza soy yo a ti.

(TEO *suelta una carcajada. Mira a* GERMÁN, *que en ese momento está con la botella de whisky en la mano, intentando abrirla, pero parece que le cuesta.*)

TEO    ¿Has oído eso, cuñado? El progre este me va a destrozar la vida. (*A* DANIEL, *burlón.*) Mira como tiemblo… ¿Y se puede saber cómo?

DANIEL    Pues muy sencillo. En cuanto la gente se entere de que esa silla eléctrica, (*La señala.*) con la que ahora tanto te gusta presumir, es falsa, te van a machacar sin piedad, por farsante y miserable.

TEO    (*Sorprendido.*) ¿Cómo que la silla es falsa?

DANIEL    Más falsa que el Rolex de tu cuñado.

GERMÁN   (*Salta.*) ¿Pero tú que sandeces dices? Vamos hombre. Lárgate de aquí y deja de soltar bobadas.

DANIEL   De bobadas nada. Esa silla es una imitación.

TEO   ¿Y tú cómo lo sabes?

DANIEL   (*Se acerca a la silla.*) Me extrañaba mucho que Germán fuese tan espléndido de hacerte un regalazo así, y me puse a investigar por internet. Y he encontrado una página web china clandestina que vende estas sillas eléctricas falsificadas.

   (TEO *mira a* GERMÁN, *que acaba de abrir la botella y está a punto de servirse un whisky.*)

TEO   (*Le grita.*) Ni se te ocurra servirte ni una gota. Deja esa botella en su sitio. (*Se acerca a él muy mosqueado.*) ¿Es cierto lo que cuenta Daniel?

GERMÁN   (*Deja la botella.*) Para nada. Por favor. Esa silla es auténtica. No le hagas caso a este sinvergüenza.

DANIEL   Sinvergüenza, tú. Digo la verdad.

GERMÁN   (*Coge el certificado que hay encima del mueble bar.*) Aquí está el certificado de autenticidad, con la firma del alcaide de la prisión y los reos que han sido electrocutados. ¡Y la silla huele a carne chamuscada! ¿Qué más pruebas quieres?

DANIEL     Todo falso. (*Saca el móvil y busca la página en internet.*) Los chinos venden la silla con su certificado y un aroma a carne quemada que le ponen para darle más autenticidad.

           (DANIEL *enseña el móvil a* TEO, *que mira por encima la página web.*)

TEO        (*Clava su mirada en* GERMÁN.) Esta silla es falsa, ¡cabrón…!

GERMÁN     Que te digo yo que no.

TEO        (*Muy mosqueado.*) No me jodas, Germán. Dime la verdad.

GERMÁN     (*Al verse acorralado.*) Lo mismo mi amigo americano me engañó y me la vendió como verdadera.

DANIEL     ¡Buah! Seguro que a ese amigo yanqui también se lo ha inventado.

           (TEO *fulmina con su mirada a* GERMÁN… *que calla*)

TEO        (*Muy mosqueado.*) Serás «hijoputa». ¡Es una imitación!

GERMÁN     (*Defendiéndose*) Pero muy bien lograda… Y al no darte cuenta no te quise quitar la ilusión.

| | |
|---|---|
| TEO | (*Colérico.*) «Mecagüen» tus muertos, hijo de perra. Qué ilusión ni qué cojones. A mí este puto regalo no me hacía ilusión. Es más, me parecía una «hijaputez» de regalo, y casi me lleva a la ruina. |
| GERMÁN | Pero ahora te está haciendo vender muchos jamones. Y eres más popular. La gente te quiere. ¡Y vas a ser un Gentleman Hispano!... No hay que montar ningún drama. |
| TEO | (*A punto de pegarle.*) El drama va a ser cuando te corte los «güevos», ¡mamón! |
| GERMÁN | Lo siento, cuñado. Lo hice sin maldad. Me parecía un regalo original. Como te gusta tanto la cultura americana. |
| TEO | ¡A la mierda la cultura americana! Serás hijo de la gran puta. ¡Me has tomado por gilipollas! |
| DANIEL | (*A* TEO.) Lo peor va a ser cuando la gente se entere de que la silla es falsa, con todo lo que has presumido de ella. |
| GERMÁN | Qué más da que sea una imitación. Lo importante es el mensaje. |
| TEO | Eso. Lo importante es el mensaje. |
| DANIEL | ¿Tú te crees que a la gente le va a dar igual? ¡Qué iluso! |

TEO      Diré que Germán me engañó, y que yo pensé que era auténtica.

GERMÁN      Mejor no, cuñado, porque entonces sí que vas a quedar como un gilipollas integral.

TEO      (*Atemorizado.*) Sí, claro. Lo mejor es no decir nada.

DANIEL      ¿Cómo? ¿Acaso crees que me voy a callar? Ni de coña. Y en cuanto lance la noticia las redes van a arder. (*Gesticulando.*) ¡Él, don Doroteo Carrascal, el azote de delincuentes, el Rafa Nadal de la honradez, un farsante!

TEO      Yo no soy ningún farsante.

DANIEL      Claro que lo eres. Y te van a crucificar por aprovecharte de algo tan sagrado como el crimen atroz de esa joven. Y para vender jamones.

TEO      (*Muy indignado, amenaza a* DANIEL.) ¡Eso es mentira!. Una infamia. Yo nunca me aprovecharía de algo tan horrible. Y no te voy a permitir ni que lo insinúes. ¿Entendido?

DANIEL      Por favor, Teo. No te pongas tan digno que nos conocemos. Tú sacas a relucir tus principios según te conviene para pillar tajada.

TEO      (*Amenaza a* DANIEL, *fuera de sí.*) Como se te ocurra lanzar la noticia te juro que te mato. Ahí tengo la escopeta.

DANIEL   Tus amenazas no me asustan. Me han echado del trabajo por tu culpa. ¿Acaso piensas que me voy a quedar de brazos cruzados? Para nada. Vas a recibir de tu propia medicina.

TEO      Te lo advierto de nuevo, Daniel. Cuidadito con lo que haces.

DANIEL   Ya te he dicho que no me das ningún miedo. *(Saca el teléfono.)* El mensaje lo tengo aquí, en el móvil. Solo me queda darme el gustazo de soltarlo a las redes, y que empiece a correr como la pólvora…

         *(Enciende el móvil.)*

GERMÁN   Espera un momento, Daniel. No te precipites. Tal vez hay otra salida.

DANIEL   ¿Otra salida?

GERMÁN   Teo te puede dar trabajo. Están a punto de desahuciarte y sería tu salvación.

DANIEL   ¿Volver a electrocutar cerdos lleno de mierda? Ni de coña. Prefiero que me desahucien. Ese trabajo me lo dio Teo para humillarme, aunque no lo quiera reconocer.

GERMÁN   Tienes que entender que ese viaje que hiciste con mi hermana a Ibiza le escueza todavía, y más tras enterarse de que la filmaste desnuda.

TEO      (*Rabioso.*) La filmó desnuda porque la hizo fumar porros y la engañó. (*A* DANIEL.). ¿Cómo pudiste ser tan ruin? ¡Degenerado!

DANIEL      Yo no drogué ni engañé a Teresa. Todo «lo que hicimos» en Ibiza lo hizo encantada de la vida.

TEO      (*Alarmado.*) ¿Todo lo que hicisteis? ¿Encantada? ¿Es que hicisteis algo más?

GERMÁN      (*Comprensivo.*) Hombre, Teo. Pues te lo puedes imaginar. Eran jóvenes, en Ibiza, en una comuna hippy…

TEO      (*Sobrecogido.*) ¡No! ¡Ni hablar! Eso no ocurrió. Es imposible. (*A* DANIEL.) Es lo que a ti te hubiese encantado, pero eso no ocurrió. (*Sentencia.*) Teresa fue virgen al matrimonio. (GERMÁN *y* DANIEL *se quedan atónitos. En silencio*) ¡Seguro! Se lo dijo al cura que nos casó.

GERMÁN      (*Zanjando el tema.*) Pues entonces sin problemas, Teo. No te agobies más por ese viaje a Ibiza. Olvídalo. Al final ¿quién se casó con mi hermana? Tú. Es tu esposa. La madre de tus hijos.

TEO      (*Convenciéndose.*) Sí, en eso llevas razón, y eso es lo importante. Es mi mujer. Mía. Me eligió a mí.

DANIEL      Te eligió a ti gracias a Germán.

GERMÁN     ¿A mí? ¿Qué tuve yo que ver en esa decisión?

DANIEL     Todo. Tras volver de Ibiza, tú le comiste el coco a tu hermana para que se alejara de mí y se acercara a Teo. Y no paraste hasta conseguirlo.

GERMÁN     (*Justificándose.*) ¡Hombre! Soy el hermano mayor, y uno siempre tiene que mirar por lo mejor para la familia.

DANIEL     Y lo mejor era el dinero de Teo…

TEO     (*Salta.*) ¡Pues claro! ¿Pero a dónde iba a ir Teresa contigo? Un infeliz y un fracasado.

DANIEL     Prefiero ser un fracasado a un miserable como tú. Y la gente lo va a descubrir en cuanto lance el mensaje de que la silla es falsa. Te van a despellejar vivo.

(*Vuelve a encender el móvil para mandar el tuit.*)

GERMÁN     ¡Espera! Piénsalo bien, Daniel. No te ciegues. Teo podría ser muy generoso contigo.

DANIEL     (*Sorprendido.*) ¿Generoso?

TEO     (*Más sorprendido.*) ¿Generoso?

GERMÁN     (*A* TEO.) Tienes que reconocer cuñado que fuiste un poquito cabrón con Daniel dándole ese trabajo de electrocutar cerdos, y podrías resarcirlo con un puesto de directivo en la empresa, con un buen sueldo.

TEO    (*Pasmado.*) ¿Un puesto directivo? Tú te has vuelto majara.

GERMÁN    ¿Qué quieres entonces? ¿Que te vuelvan a arruinar la vida, a ti y a tu familia? ¿Y volver al pueblo a criar cerdos con tu padre?

DANIEL    Eso es exactamente lo que va a ocurrir.

(*Busca el tuit en el móvil.*)

TEO    (*A regañadientes, A* DANIEL.) Vale. Está bien. Estoy dispuesto a darte un puesto de directivo en la empresa.

DANIEL    (*Se sienta en la silla, gozando.*) No me interesa. ¿Acaso pensáis que me voy a vender por un plato de lentejas? ¡Yo soy una persona íntegra! No como vosotros.

GERMÁN    Tu integridad no te va a dar de comer, Daniel, ni evitar tu desahucio. Piénsalo bien.

DANIEL    Ni hablar. Lo tengo bien pensado. A Teo se le llena la boca exigiendo justicia, pues yo voy a hacer justicia con él hundiéndole en la miseria. Es lo que se merece.

(*Se dispone a lanzar el mensaje.*)

TEO          (*Amenazante.*) Tú atrévete a mandar ese mensaje.

             (TEO *va a buscar algo.*)

DANIEL       Pues claro que me atrevo. Tipos como tú tenéis que desaparecer del mapa, por higiene social. Y yo tengo la oportunidad de conseguirlo. A ver dónde está el tuit.

TEO          (*Vuelve con la escopeta de caza y apunta a DAniel.*) Vamos valiente, atrévete.

             (*Tensión. TEO apunta a DANIEL, sentado en le silla, con el móvil en la mano, dispuesto a lanzar el tuit.*)

DANIEL       No me das ningún miedo.

TEO          Te mato, te echo a los cerdos y no queda nada de ti.

             (*A DANIEL le tiembla la mano. Parece que va a lanzar el mensaje.*)

GERMÁN       ¿Por qué no resolvemos estos como buenos amigos que somos?

DANIEL       (*Descolocado.*) ¿Qué? ¿Buenos amigos? ¿Nosotros? (*Señala a TEO.*) Pero si me quiere pegar un tiro y echarme a los cerdos.

TEO          Y tú arruinarme la vida, cabrón.

GERMÁN     ¡Por favor! Quien esté libre de pecado que tire la primera piedra. ¿En qué panda de amigos no ocurren estas pequeñas desavenencias…? Pero no es razón para cometer una locura.

DANIEL     No es una locura. Es mi deber como ciudadano. A Intolerantes e impostores como Teo hay que combatirlos. (*A* TEO.) Llegó tu hora.

TEO     (*Lo apunta de nuevo.*) Mándalo y te juro que te mato.

GERMÁN     (*Le quita la escopeta a* TEO *y la deja junto al mueble bar.*) No te pierdas cuñado… Y tú Daniel, no seas tonto. No vas a encontrar un trabajo así en tu vida. Un puesto de directivo, con un sueldazo.

TEO     Ya te digo, menudo chollo.

GERMÁN     Vivir a cuerpo de rey.

DANIEL     (*Grita enérgico.*) ¡¡Y mi dignidad, qué?!… ¿Dónde está mi dignidad? (*Se quedan los tres expectantes. En silencio, con* DANIEL *dispuesto a lanzar el mensaje. Tensión. Cuando parece que va a hacerlo se frena.*) Vale. Está bien. Quiero el puesto de director de ventas, con un plus de rendimiento.

TEO     ¿¡Director de ventas!? ¿Y un plus de rendimiento? Ni loco. Te podría dar la subdirección y ya estoy cediendo mucho.

GERMÁN    (*A* DANIEL.) Es un buen puesto.

DANIEL    (*A* TEO.) Sabes lo que te digo, que no quiero nada. Me voy a dar el gustazo de ver como te crucifican.

          (*Se dispone de nuevo a mandar el tuit.*)

TEO       ¡Para! Tranquilo. Está bien. El puesto de director de ventas es tuyo.

DANIEL    Y con el plus de rendimiento.

TEO       Vale. Y con el plus de rendimiento también.

          (*Los dos se van a dar la mano... cuando* GERMÁN, *de pronto, los frena*)

GERMÁN    ¡Un momento! que todavía queda un cabo suelto. (*A* TEO.) En el trato ha de entrar otra condición. Me tienes que prestar el dinero para montar el negocio de gimnasia pasiva.

          (TEO *se queda paralizado... Termina cediendo.*)

TEO       ¡Qué sinvergüenza eres! Tú siempre pescando en río revuelto.

GERMÁN    ¡Y el cuadro de mi abuelo volver a la familia!

TEO       (*Rendido.*) Está bien. El Zuloaga vuelve a los Sanz de Abadía.

GERMÁN      (*Eufórico.*) ¡Al final la amistad siempre triunfa…! (*Los tres se abrazan.*) ¡Venga, vamos a sacarnos un «selfie»!

              (GERMÁN *saca su móvil.* TEO *se sienta en la silla y* DANIEL *y* GERMÁN *se colocan a su lado.* GERMÁN *se dispone a sacar el «selfie», los tres muy sonrientes… cuando, de pronto, se empiezan a escuchar sirenas de policía, cada vez más cerca. Los tres amigos se quedan paralizados.*)

TEO      ¿Qué pasará?

              (*El móvil de* GERMÁN *suena. Lo coge.*)

GERMÁN      Hola, Walter. ¿Qué tal?… (*Estupefacto.*) ¿Cómo?… ¿Qué me estás contando?… ¡Joder! Sí, gracias por llamarme.

DANIEL      (*A* GERMÁN.) ¿Qué ocurre?

GERMÁN      Era mi amigo Walter, de la embajada americana. (*A* TEO.) Vienen a detenerte, Teo. Es la interpol.

TEO      (*Estupefacto.*) ¿La interpol? ¿A detenerme? ¿Qué bobada es esa?

GERMÁN      Según me ha soplado Walter, un juez americano ha dictado orden de busca y captura contra ti.

TEO      ¿Contra mí? ¿Por qué?

GERMÁN    Por posesión ilegal de un bien histórico patri-
          monio del Estado Norteamericano.

TEO       (*Desconcertado*) ¿Qué bien histórico?

DANIEL    La silla eléctrica.

TEO       Pero cómo va a ser patrimonio de los ameri-
          canos. Me acabas de asegurar que es falsa.

DANIEL    Lo mismo estaba equivocado, y esta silla es
          auténtica.

GERMÁN    Pues claro que es auténtica. Ya lo decía yo.

          (*Las sirenas de la policía se escuchan cercanas,
          y sus luces azules intermitentes se cuelan por los
          ventanucos del garaje… Las sirenas se apagan.*)

TEO       Seguro que esto tiene fácil arreglo.

DANIEL    O no. Y te pueden extraditar a América. Y las
          cárceles de allí  son terroríficas.

TEO       No digas chorradas, por favor, que no estoy
          para bromas.

GERMÁN    Si el juez americano ha dictado orden de bus-
          ca y captura es que los cargos contra ti son
          grave.

TEO       ¿Extraditarme a América por esta puta silla?
          Lo que faltaba.

DANIEL       Pues vete haciendo a la idea, Teo.

             (*De pronto, se empiezan a escuchar golpes en la puerta.* TEO *se queda paralizado de terror. Los golpes en la puerta se acentúan…*)

             **Oscuro**

             **Fin.**

Esta primera edición de *2000 voltios*,
de Dionisio Pérez Galindo, terminó de imprimirse
en septiembre de dos mil veinticinco,
en Madrid.